四川文理学院博士专项科研基金项目资助

高管激励对公司业绩预告行为的影响：理论分析与实证检验

王浩　朱苗苗　赵璐　著

西南财经大学出版社

中国·成都

图书在版编目(CIP)数据

高管激励对公司业绩预告行为的影响:理论分析与实证检验/王浩,
朱苗苗,赵璐著.—成都:西南财经大学出版社,2022.12
ISBN 978-7-5504-4841-4

Ⅰ.①高…　Ⅱ.①王…②朱…③赵…　Ⅲ.①企业—管理人员—激
励—影响—企业绩效—研究　Ⅳ.①F272.5

中国版本图书馆 CIP 数据核字(2021)第 063932 号

高管激励对公司业绩预告行为的影响:理论分析与实证检验

GAOGUAN JILI DUI GONGSI YEJI YUGAO XINGWEI DE YINGXIANG:LILUN FENXI YU SHIZHENG JIANYAN

王浩　朱苗苗　赵璐　著

策划编辑:杜显钰　王琳
责任编辑:向小英
责任校对:周晓琬
封面设计:张姗姗
责任印制:朱曼丽

出版发行	西南财经大学出版社(四川省成都市光华村街 55 号)
网　　址	http://cbs.swufe.edu.cn
电子邮件	bookcj@ swufe.edu.cn
邮政编码	610074
电　　话	028-87353785
照　　排	四川胜翔数码印务设计有限公司
印　　刷	郫县犀浦印刷厂
成品尺寸	170mm×240mm
印　　张	12
字　　数	224 千字
版　　次	2022 年 12 月第 1 版
印　　次	2022 年 12 月第 1 次印刷
书　　号	ISBN 978-7-5504-4841-4
定　　价	88.00 元

前　言

　　高管股权激励问题一直是公司治理的重点和学术研究的热点。自我国的业绩预告制度实施以来，理论界在这方面的研究也逐渐展开，这是一个值得深入探究的学术领域。本书主要基于高管股权激励视角对我国上市公司业绩预告行为进行研究，以期为上市公司强化管理、证券监管机构加强监管以及投资者调整优化决策行为提供理论依据和经验证据。

　　本书首先系统阐述了高管激励与业绩预告相关的理论基础，通过系统的文献梳理与分析，提出本书研究的问题；按照时间脉络对我国业绩预告制度的变革进程进行了总结，结合高管激励类型及相关制度分析，进一步提出了多个具体的研究视角；以我国 A 股上市公司的年度数据作为样本进行实证分析，遵循传统的实证研究范式，深入探究高管股权激励对公司业绩预告行为的影响及其市场反应特征，解读实证结果并得出相应的研究结论。

　　（1）高管持股与公司业绩预告行为。主要研究我国上市公司高管持股对公司业绩预告行为的影响，辅之以高管经验、产权性质、产品市场竞争、高管权力、薪酬激励、信息性质等密切相关变量，构筑一个相对的比较完备的研究体系。研究结果表明：第一，高管持股对公司自愿业绩预告具有激励效应，能够促进公司自愿进行业绩预告；高管持股对公司业绩预告特征具有激励效应，能够促进业绩预告形式上的精确性和实质上的准确性提高，及时性增强，信息的决策有用性增强。第二，高管经验并不影响高管持股对自愿业绩预告的激励效应，但高管年龄可能会弱化这种效应；高管经验并不影响高管持股对业绩预告信息特征的激励效应，还促进了高管持股对业绩预告行为特征的激励效应，但高管年龄可能会弱化高管持股对业绩预告精确性特征的效应。上述研究结论是"高层梯队理论"在我国上市公司业绩预告实践中的具体体现。第三，相对于非国有产权，国有产权抑制了高管持股对自愿业绩预告的激励效应，国企高管主动披露业绩预告的意愿降低；相对于非国有产权，国有产权抑制了高管持股对业绩预告信息特征的激励效应，致使业绩预告的信息质量降低，但并不影响高管持股对业绩预告行为特征的激励效应，业绩预告的及时性并没有显著变化。上述研究结论是"产权理论"在我国上市公司业绩预告实践中的具体体现。第四，在激烈的产品市场竞争条件下，高管是否持股对公司自愿业绩预告的影响没有显著差别，但随着高管持股水平的提升，公司自愿披露业绩预告的概率增大；在激烈的产品市场竞争条件下，高管持股能够提高公司业绩预告信息特征质量和行为特征质量，使得业绩预告信息质量提高，及时性增强。上述研究结论是"现代竞争理论"在我国上市公司业绩预告实践中的具体体现。第五，在股权激励和薪酬激励的共同作用下，内部薪酬差距对公司自愿业绩预告具有激励效应，能够促进公司自愿进行业绩预告；内部薪酬差距对公司业绩预告的准确性和及时性具有激励效应，使业绩预告信息的决策有用性增强，体现为高管协同动机，但是，内部薪酬差距对公司业绩预告的精确性没有显著影响；高管权力虽然不影响内部薪酬差距对公司业绩预告信息特征的激励效应，但却促进了内部薪酬差距对业绩预告行为特征的激励效应。上述研究结论是"高管权力理论"在我国上市公司业绩预告实践中的具体体现。第六，相对好信息而言，坏信息抑制了高管持股对业绩预告信息特征的激励效应，但对业绩预告行为特征的激励效应并没有太大影响，这在很大程度上导致坏信息业绩预告的信息质量降低，坏信息没有得到充分披露。该实证结论基本符合预期，提供了高管对不同性质信息进行选择性披露的经验证据。

（2）实施股权激励计划与公司业绩预告行为。主要研究了实施股权激励计划对自愿业绩预告和业绩预告特征的影响，同时对实施股权激励计划的滞后效应和不同股权激励方式的影响差异进行了拓展分析。研究结果表明：首先，实施股权激励计划对公司自愿业绩预告具有激励效应，能够增大公司披露自愿业绩预告的概率，有助于促进公司自愿进行业绩预告，从而为股东和市场提供及时有效的决策信息，有利于资本市场的健康良性发展。其次，实施股权激励计划能够促使业绩预告披露的闭区间宽度变得更小，业绩预告所包含的信息更加精确，形式上的信息质量得到提高；实施股权激励计划能够促使业绩预告净利润偏离净利润实际值的幅度变得更小，业绩预告所包含的信息更加准确，实质上的信息质量得到提高；但实施股权激励计划没能使业绩预告的及时性增强，因此，实施股权激励计划对公司业绩预告信息特征具有激励效应，能够促使公司披露的业绩预告信息质量提高，有利于降低高管与股东之间的信息不对称程度，能够更好地满足股东对决策信息的需求，在一定程度上缓解公司信息披露中的代理问题。最后，进一步分析发现，在股权激励计划实施后的最初一年内，对公司自愿业绩预告和业绩预告特征仍有积极的影响，但随着时间窗口的延长，这种影响逐渐减弱。通过进一步分析不同股权激励方式对公司自愿业绩预告和业绩预告特征的影响，我们发现没有证据表明股票期权和限制性股票对业绩预告行为的影响存在着显著差异。

（3）公司业绩预告行为的市场反应。采用事件研究法计算超额收益率 AR 和累计超额收益率 CAR 作为资本市场反应的替代变量，检验了股权激励条件下公司业绩预告行为的市场反应特征，同时对业绩预告未预期盈余与股票价格之间的关系，以及自愿业绩预告与强制业绩预告的市场反应差异进行了拓展分析。研究结果表明：第一，业绩预告信息质量与其市场反应之间是正相关关系，随着业绩预告形式上的精确性和实质上的准确性的提高，信息质量得到提高，市场反应将愈加强烈；业绩预告及时性增强，市场反应减弱；随着时间窗的推移，业绩预告行为的市场反应呈倒 "U" 形分布。第二，高管持股能够促进业绩预告信息质量提高，市场反应增强；高管持股能够促进业绩预告及时性提高，市场反应减弱。实证结论表明，高管持股条件下，业绩预告行为的市场反应具有反向性特征（增强或减弱）。第三，实施股权激励计划能够增强业绩预告形式上的精确性和实质上的准确性的市场反应程度，但对业绩预告及时性的市场反应程度的影响并不显著。随着时间窗的推移，实施股权激励计划对业绩预告行为市场反应程度的影响逐渐减弱。第四，进一步研究发现，业绩预告的未预期盈余与股票价格之间是正相关关系，未预期盈余越大，股票价格越高；随着时间窗的推移，相关性增强，至事件窗 [-5, +5] 内达到最强，随后渐趋减弱。第五，进一步研究发现，相对于自愿业绩预告来说，强制业绩预告包含更多的信息，市场反应更加强烈。

本书的研究特色和创新点主要体现在以下几个方面：

第一，本书以上市公司业绩预告行为作为研究对象，立足于高管股权激励这一独特研究视角。学术界对上市公司信息披露的研究，往往聚焦于以历史信息为主的报告行为研究，以预测信息为主的业绩预告行为方面的研究还比较少见，而在这比较少见的研究中，又多以研究业绩预告的经济后果为主，相对缺乏对业绩预告影响因素的系统研究，特别是把不同高管股权激励形式与公司业绩预告行为及其市场反应联系起来的系统研究。因此，这是一个较新的研究命题。

第二，本书研究指标和研究视角多样，构筑了一个相对比较完备的研究体系。一方面，本书把高管股权激励细分为高管持股和实施股权激励计划两种形式；另一方面，把公司业绩预告行为细化为自愿业绩预告和业绩预告特征两个层面，并具体运用"三性"（精确性、准确性、及时性）来刻画公司业绩预告特征。为了系统探究我国上市公司高管股权激励对公司业绩预告行为影响的作用情境，本书还辅之以高管经验、产权性质、产品市场竞争、高管权力、薪酬激励、信息性质等密切相关变量。实证结果表明，股权激励对公司业绩预告行为具有激励效应，高管持股与实施股权激励计划的激励效应存在一定差别，不同辅助变量对股权激励效应的影响呈现出不同的特点，验证了"高层梯队理论""产权理论""现代竞争理论"和"高管权力理论"等在我国上市公司业绩预告实践中具有独特表现。本书在一定程度上丰富了公司业绩预告行为影响因素的研究内容和研究成果。

第三，在公司业绩预告行为的市场反应方面，承接前文进行细化、拓展性研究，形成一个前后呼应的有机整体。现有文献大多基于未预期盈余（业绩预告的前置比较变量）来研究其对资本市场的影响，鲜有研究业绩预告行为本身的精确性、准确性（业绩预告的后置比较变量）、及时性等特征的市场反应，特别是在高管股权激励条件下业绩预告行为的市场反应。本书的细化、拓展性研究表明，公司业绩预告行为的"三性"特征具有显著的信息含量，对资本市场的股票价格具有显著影响；与此同时，在高管股权激励条件下，业绩预告行为的市场反应具有反向性特征（增强或减弱），从而为高管股权激励条件下公司业绩预告行为的市场反应提供了新的实证证据。

本书由王浩、朱苗苗、赵璐编写，王浩负责全书的统稿工作以及第一章、第四章、第七章的编写，朱苗苗负责第二章、第三章、第五章、第六章的编写，赵璐负责全书的校对工作。

编者

2020 年 12 月

目　录

1 绪论

1.1 研究背景

信息经济学理论认为，上市公司信息披露的频率、内容和形式等对资本市场具有重要意义，强化公司信息披露监管能够有效降低管理层与外部投资者之间的信息不对称，有利于健全公司内部治理、提高股票市场流动性、保护投资者合法权益、维护资本市场的健康稳定发展。现代企业制度的本质是所有权与经营权相分离，管理者掌控经济资源，对企业行为具有决定性影响，而投资者的监督约束作用往往是有限的。因此，现代企业制度的核心问题就是如何正确处理管理者与投资者之间的委托代理关系，缓解信息不对称，缓解两者之间的委托代理问题。建立健全信息披露制度是资本市场健康发展的基础，信息披露机制在促进市场公平和效率的同时，往往又会沦为被操纵的对象和工具，公司高管出于某种特定的动机和目的可能会进行提前披露、延迟披露、扭曲披露，甚至披露不符合实际情况的虚假信息，对资本市场产生误导，导致相关利益方做出错误决策，给投资者造成重大损失，也给公司带来毁灭性打击。国际上有安然事件、莱曼兄弟公司的破产，国内有蓝田、猴王、银广厦和科龙等事件，都深刻地反映了高管信息操纵行为对投资者、公司自身以及资本市场所带来的巨大威胁。另外，就大股东与中小股东之间的代理关系而言，同样存在着比较严重的信息不对称，大股东具有天然信息优势，往往能够提前获知公司准确的生产经营信息，特别是重要的财务会计信息，从而能够及时做出正确决策，而中小股东却很难做到这一点，结果就会导致大股东通过侵害中小股东利益来达到谋取私利的目的，这将给资本市场发展带来非常不利的影响。我国资本市场处于初创阶段，市场体制处在不断完善之中，市场监管体制、公司治理机制、信息披露制度等还不健全，公司信息披露行为很容易被高管所操纵，以实现其特殊的个人利益。同样，资本市场体制的不健全也造成大股东利用信息优势进行内幕交易、市场操纵等侵害中小股东利益的行为频频发生。

在传统的以历史会计信息为主体的信息披露背景下，会计信息的可靠性较强，但决策相关性较弱，同时，高管信息操纵和大股东信息占优使信息不对称程度加剧，严重违背信息披露制度设计的初衷，越来越难以满足广大投资者多样化、差异化和综合性的信息需求。业绩预告制度作为公司信息披露制度的重要组成部分，其出发点就是进一步缓解管理层、大股东、中小股东以及潜在投资者之间的信息不对称程度，实际上是以历史会计信息为主体的信息披露制度的重要补充和进一步发展。业绩预告是公司对其未来的生产经营状况所进行的预测，主要是对其未来经营成果的预先估计，能够为资本市场提供相关性更强的信息，对投资者的决策行为将会产生重要影响，因此，愈加引起证券监管机构、投资者、证券分析师、新闻媒体等的关注和重视。

随着我国资本市场的快速发展，投资者、债权人、社会公众等对信息数量和质量的要求不断提高。为了满足市场信息需求，证券监管机构制定并实施了一系列针对公司信息披露行为的规章制度，从年度财务报告到中期财务报告（半年度、季度、月度），从年度业绩预告、半年度业绩预告到季度业绩预告、再到业绩快报，对上市公司信息披露行为进行全方位的规范要求。我国业绩预告制度的建立是一个不断发展演变的过程。1998 年，中国证监会首次推出业绩预亏制度，强制性要求上市公司披露业绩预告相关信息。2001 年，沪深证券交易所要求发布预亏公告或预警公告，接下来又相继实施了预增公告和预盈公告。此后，中国证监会和沪深证券交易所相继颁布了一系列制度规范，多以指导意见或通知的形式予以发布，推动我国业绩预告制度建设不断向前发展。

业绩预告信息能够在一定程度上缓解由于高管信息操纵和大股东信息占优所造成的信息不对称问题，提高公司信息披露对投资者的决策有用性，进一步保护投资者、特别是中小投资者的利益，维护资本市场的健康良性发展。此外，公司披露业绩预告信息有利于与资本市场之间建立良好的互动关系，积极向市场传递其生产经营成果的变动情况，增强市场透明度，树立良好的市场形象，对降低资本成本、稳定和提升股价有益，因此，业绩预告的积极市场效应逐渐被认识并接受。实务中，也有许多公司并没有达到强制性披露要求，但也会按照有关规定自愿进行业绩预告。这样，在我国就形成了强制性披露为主、自愿性披露为辅的业绩预告披露模式。

自我国业绩预告制度实施以来，理论界在这方面的研究也逐渐发展起来，业绩预告成为一个值得深入探究的学术领域。西方的研究相对较早，主要集中在自愿性披露动因、披露准确性以及经济后果等方面。国内的研究相对较晚，总结起来，对业绩预告制度执行情况的描述性分析、有效性分析的研究居多，对业绩预告影响因素的研究则较少；规范研究居多，实证研究较少。纵观国内外研究文献，涉及高管股权激励的研究有很多，大多是研究股权激励与公司业绩和价值之间的关系，基本观点是股权激励能够促进公司业绩和价值的提升，鲜有将股权激励研究延伸至公司信息披露领域，特别是公司业绩预告信息披露领域，尚未出现基于高管激励理论系统性地研究高管股权激励对公司业绩预告行为影响及其市场反应的相关文献。本书试图对此进行探讨，系统研究我国上市公司高管股权激励（高管持股和实施股权激励计划）对公司业绩预告行为的影响，辅之以高管经验、产权性质、产品市场竞争、高管权力、薪酬激励、信息性质等密切相关变量，构筑了一个相对比较完备的研究体系，揭示上市公司高管在不同激励条件下的业绩预告信息披露策略选择行为及其对资本市场的影响，并力求在理论分析和实证检验的基础上，结合我国业绩预告实践的发展现状，提出合理化的政策建议，以期为上市公司强化管理和证券监管机构加强监管提供证据支持，为投资者充分利用业绩预告信息提升投资决策能力提供有益参考。

1.2　研究意义

在我国资本市场日趋发展、业绩预告制度逐步健全的背景下，本书的研究不仅在理论上能够揭示高管激励理论和业绩预告理论之间的潜在联系，推动两者之间的发展与融合，而且也有助于正确认识和评价我国公司治理机制的变革进程，科学指导公司的激励决策行为和信息披露行为，对证券监管机构完善监管措施和制度规范、促进资本市场的健康稳定发展具有重要意义。

1.2.1　理论意义

高管股权激励问题一直是公司治理的重点和学术研究的热点，相关研究主要是围绕高管股权激励与公司业绩和价值之间的关系来验证股权激励的有效性的，一般认为股权激励能够提高公司治理机制的运转效率。此外，其是研究不同股权激励形式的影响因素是怎样对不同激励形式进行对比评判的。对于信息披露的研究，其往往聚焦于以历史信息为主要对象的披露研究，以预测信息为对象的业绩预告方面的研究还比较少，而在这比较少的研究中，又多以研究业绩预告的经济后果为主，相对缺乏业绩预告影响因素的研究，特别是把不同股权激励形式与公司业绩预告行为联系起来的系统研究。因此，这就成了一个很有意义的研究命题。高管持股、实施股权激励计划以及薪酬激励等形式对公司业绩预告行为的激励效应如何？不同激励形式的激励效应的背后动机又是什么？本书系统回顾了业绩预告影响因素和资本市场反应方面的研究文献，运用中国资本市场数据进行实证分析，揭示了上市公司业绩预告行为的前因后果（影响因素和经济后果）及内在规律，这对我国公司治理机制的深化研究具有重要的理论意义。

1.2.2 实践意义

现实中，公司信息披露中的高管操纵行为和大股东侵占中小股东利益的行为几乎无处不在，业绩预告中的违规行为则更为严重。本书全面系统地研究了高管股权激励对公司业绩预告行为的影响及其市场反应特征，为公司实施有效的高管激励政策和采取适当的业绩预告行为提供理论依据和现实指导。合理有效的激励形式、强度、组合能够对管理者进行最大限度的激励，充分发挥其内在潜能，为公司和股东的利益努力工作，促使其在信息披露，特别是在业绩预告方面采取合法、合规、合理的策略行为，保持与市场的密切沟通，树立良好的市场形象，不断提高公司的治理水平和经营业绩，为促进公司治理机制的逐步完善提供新的思路和视角。公司业绩预告行为是高管激励、经营绩效、公司治理水平等共同作用的结果，同时又受到外部证券监管机构和政策法规的约束，是公司内外环境因素在信息披露领域的重要体现。本书在理论分析和实证研究基础上得出的结论为公司管理层深入认识资本市场信息传导机制、不断提高业绩预告信息披露水平和能力提供证据支持，为投资者充分理解业绩预告信息、洞察业绩预告行为背后管理者的内在动机、调整投资策略选择提供经验帮助，为证券监管机构评价公司激励约束机制和业绩预告制度的实施效果、进一步完善激励约束和业绩预告相关的制度设计，以及强化监管制度实施提供有益参考。因此，本书的研究具有较强的实践意义。

1.3 研究思路

本书研究高管股权激励对公司业绩预告行为的影响及其市场反应特征，基本的研究思路是，高管股权激励影响公司信息披露行为，从而影响公司业绩预告行为①；不同的股权激励形式对公司业绩预告行为的影响应具有不同的特征；高管股权激励条件下，公司业绩预告行为的市场反应应具有特殊表现。如图 1.1 所示。

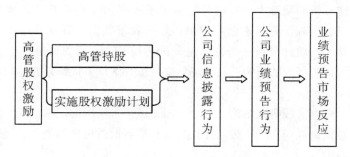

图 1.1　本书的基本研究思路

具体而言，本书按照"理论基础—文献回顾—制度背景—实证分析—政策建议"的思路展开研究。

首先，在理论分析中，系统阐述高管激励和业绩预告相关的理论基础，高管激励理论主要包括需求层次理论、双因素激励理论、ERG 理论、期望理论、公平理论、波特-劳勒激励模型、强化理论、归因理论等。业绩预告相关理论主要包括委托代理理论、信号传递理论、有效市场理论、信息不对称理论、自利动机理论、协同动机理论，以及锦标赛理论、高管权力理论、人力资本理论、管家理论、高层梯队理论、经理人市场理论等（为避免重复，部分理论在随后的实证分析部分进行阐述）。以上理论为本书的研究夯实了理论基础。

其次，本书主要从公司业绩预告的影响因素和资本市场反应两个方面进行系统的文献梳理与述评，并结合国内外高管激励与业绩预告的研究状况，提出本书试图回答的两个问题：高管股权激励对公司业绩预告行为会产生什么样的影响（促进作用还是抑制作用、体现的是自利动机还是协同动机）？高管股权激励条件下公司业绩预告行为的市场反应又会具备什么样的特征（增强还是减弱）？

再次，按照时间脉络梳理我国业绩预告制度的变革进程，总结我国业绩预告制度变革的主要特征，深入解析我国特殊的业绩预告制度背景，并在对高管

---

① 现有研究表明，高管股权激励影响公司信息披露行为，公司信息披露主要包括业绩预告和财务报告等，业绩预告与财务报告之间是互补关系，而非替代关系，业绩预告中已经包含了公司盈利的大部分信息，财务报告则提供了公司盈利的增量调整信息。因此，从这种意义上理解，高管股权激励影响公司信息披露行为，必然影响公司业绩预告行为。

激励三种类型（股权激励、货币薪酬激励、控制权激励）的相关制度进行深入分析后，我们提出了多个具体的研究视角，从不同角度分析其对公司业绩预告行为的影响。

在上述分析的基础上，我们分别基于不同视角（高管持股、实施股权激励计划）进行实证研究，遵循"提出假设—收集数据—研究设计（变量设计和模型设计）—统计分析—研究结论"的传统范式，深入研究高管股权激励对公司业绩预告行为的影响及其市场反应特征，解读实证结果并得出相应的研究结论。

最后，根据实证研究结论，结合我国业绩预告实践的现实情况，提出合理化的政策建议，以期为上市公司强化管理和证券监管机构加强监管提供经验支持和有益参考。

1.4 研究内容

1.4.1 章节内容

本书研究内容主要分为七章，各章主要内容如下：

第一章，绪论。本章主要介绍论文的研究背景与意义、研究思路与方法、研究内容与框架、研究贡献与创新，并对本书涉及的主要概念进行辨析界定。

第二章，理论基础和文献综述。本章主要分为两部分：第一部分是理论阐释和推演。首先对高管激励理论（需求层次理论、双因素激励理论、ERG 理论、期望理论、公平理论、波特-劳勒激励模型、强化理论、归因理论等）和业绩预告相关理论（委托代理理论、信号传递理论、有效市场理论、信息不对称理论、自利动机理论、协同动机理论等）进行回顾与梳理；针对上述每一种理论，结合我国特有的制度背景和公司的实践活动进行适用性分析，构建了基于高管股权激励视角研究公司业绩预告行为的完整理论体系，从而为本书的实证研究奠定了坚实的理论基础。第二部分是文献综述。首先从公司特征因素、公司治理因素、高管激励因素三个方面对业绩预告影响因素的相关国内外研究文献进行系统的回顾和梳理；其次对业绩预告市场反应的相关国内外研究文献进行系统的回顾和梳理，并在对上述文献进行综合评述的基础上，结合我国特有的制度背景找到进一步研究的切入点，提出本书的研究问题。

第三章，制度背景分析。本章主要分为两部分：第一部分是业绩预告制度背景分析，按照时间脉络对我国业绩预告制度的演变轨迹进行详细梳理，总结了业绩预告制度变迁的基本特征，从而为后续研究奠定了制度基础。第二部分对高管激励的三种类型（股权激励、货币薪酬激励、控制权激励）的相关制度进行了较为系统的对比分析，针对本书研究问题进一步提出了多个具体的研究视角，并从不同角度分析业绩预告行为对公司的影响。

第四章，高管持股对公司业绩预告行为的影响。本章研究高管持股对公司业绩预告行为的影响，并进一步深入探究与高管持股存在密切联系的高管经验、产权属性、产品市场竞争、高管权力、薪酬激励、信息性质等在其中所起的作用。首先在理论分析和文献回顾的基础上提出相关研究假设；接下来进行研究设计，构建相关模型，选择2006—2015年沪、深A股上市公司的年度数据作为样本进行实证研究；通过描述性分析、相关性分析、回归分析、稳健性分析等对研究假设进行验证，得出本章的研究结论。

第五章，实施股权激励计划对公司业绩预告行为的影响。本章研究实施股权激励计划对公司业绩预告行为的影响，并进一步深入探究实施股权激励计划的滞后效应和不同股权激励方式（股票期权和限制性股票）的影响差异。首先在理论分析和文献回顾的基础上提出研究假设；其次是对样本数据进行加工处理，进行主要变量设计，构建实证模型；通过描述性分析、相关性分析、回归分析、稳健性分析等进行实证检验，最后得出研究结论。

第六章，股权激励条件下公司业绩预告行为的市场反应研究。本章研究股权激励条件下公司业绩预告行为的市场反应特征。按照传统的实证研究范式：引言、在理论分析和文献回顾的基础上提出相关研究假设、研究设计（样本选择和数据来源、变量定义和模型设计）、实证研究（描述性分析、相关性分析、回归分析、稳健性分析）、得出本章的研究结论。

第七章，研究结论、政策建议与研究展望。通过对股权激励条件下公司业绩预告行为前因后果的理论与实证的分析，本书试图对进一步完善我国上市公司高管股权激励机制和信息披露机制提出合理化的政策性建议。第一节给出本书的研究结论，第二节提出政策建议，第三节指出本书研究的局限与不足，并根据理论与实践的发展，指出未来可能的研究拓展方向。

1.4.2 研究框架

综上，本书的研究框架如图1.2所示。

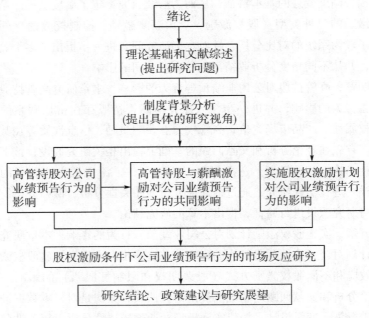

图 1.2　本书研究框架

1.4.3　基本概念辨析及厘定

为了避免歧义和便于理解，对本书涉及的基本概念辨析并厘定如下：

（1）业绩预告、业绩快报、业绩预警、盈利预测

上述概念都属于预测性财务信息范畴，它们之间既有联系又有区别，对上述概念进行辨析是明确界定本书研究对象、进一步逻辑推理的基本前提。

业绩预告是指在定期财务报告正式公告之前，遵循相关制度和证券监管机构的要求，公司管理层以预测数据方式披露的预计盈利信息，为股东和市场提供及时有效的决策信息，是公司信息披露制度的重要组成部分，在性质上属于前景性预测信息。业绩预告主要包括定期业绩预告（季报、半年报、年报）、临时业绩预告、业绩预告修正公告，是定期财务报告的有益补充，有利于促进公司信息披露制度的进一步发展完善。我国逐步建立了以强制性披露为主、自愿性披露为辅的业绩预告披露模式。就年度业绩预告而言，可分为资产负债表日之前和资产负债表日之后两种，资产负债表日之前的业绩预告，对尚未结束生产经营活动的年度业绩情况进行预测公告，实质上具有盈利预测的性质；资产负债表日之后的业绩预告，根据现行制度，截止时间是 1 月 31 日，对此人

们有两种认识：一种观点认为，届时，公司的年度生产经营活动已经完结，只是在财务报告发布之前提前公告公司业绩状况，因此，此时的业绩预告实际上是对既定事实的估计，具有业绩快报的性质；另一种观点认为，由于资产负债表日后事项的存在，需要对公司的年度业绩进行追溯调整，因此，此时的业绩预告仍具有一定的盈利预测性质。

业绩快报是指为了提高业绩披露信息的及时性和公正性，在会计年度终结后、年度财务报告正式公告之前，公司管理层披露的未经注册会计师审计的主要业绩数据是信息披露制度的创新。业绩快报制度始于2004年，深圳证券交易所强制性规定，对于2004年年度财务报告预计披露时间较晚的中小企业板上市公司，必须在2005年2月28日前披露业绩快报。股票上市规则（2006年修正）规定："上市公司可以在定期报告披露前发布业绩快报"，从而在主板市场上确立了业绩快报制度。上海证券交易所也做出了类似的鼓励性要求。

业绩预警是指在上市公司利润大幅下降、但还未降至亏损的情况下所进行的预告行为，是业绩预告制度的进一步发展完善。2001年7月31日，上海证券交易所发布《关于落实上市公司2001年中期报告工作的通知》，如果上市公司当期利润较上年同期大幅下降，就必须进行业绩预警。

盈利预测①是管理层根据公司实际生产经营状况，并充分考虑内外环境的预期变化，在一系列合理假设条件的基础上，对公司未来的经营成果（净利润、每股盈利、市盈率等）所做的合理估计。由于盈利预测属于前瞻性财务信息，具有预期特性，是引导资本市场投资行为的重要信号，因此，投资者在进行决策时非常重视。

根据上述概念，业绩预告和业绩快报之间存在着明显不同：目的不同，业绩快报主要是提高信息披露的及时性、公允性，业绩预告则重在提高会计信息的决策相关性；发布时间窗口不同，以2006年为例，年度业绩预告的发布时间为第三季度至2007年1月31日为止，业绩快报的发布时间为2007年1月1日至财务报告正式公告日为止；业绩快报基本接近年度财务报告数据，很少修正，而业绩预告与年度财务报告数据之间差别较大，经常需要修正；业绩快报只是针对年度财务报告的预先披露，而业绩预告是针对中期财务报告和年度财务报告的预先披露；业绩预告内容包括性质变化和具体数据的披露，主要披露净利润和每股收益等指标，而业绩快报主要是具体数据的披露，包括主营业务

---

① 盈利预测主要分为管理层盈利预测与分析师盈利预测，两者均为资本市场和投资者提供预测性财务信息。未加特别说明，本书中出现的盈利预测特指管理层盈利预测。

收入、主营业务利润、利润总额、净利润、每股收益、每股净资产和净资产收益率等指标；业绩预告依据公司业绩状况可分为强制性披露和自愿性披露，而业绩快报则属于自愿性披露。业绩预警可以看作是业绩预告的一部分，实际上就是业绩预告中的预减类型。

在我国，业绩预告是常态化披露，而盈利预测主要存在于新股发行的招股说明书中。业绩预告与盈利预测之间的联系：两者都是对会计主体经营业绩所进行的估算，属于预测性财务信息，具有不确定性；高质量的预测性财务信息能够缓解资本市场中的信息不对称，投资者据此可以调整决策行为，公司管理者据此可以筹集更多资金。业绩预告与盈利预测之间的区别：预测对象不同，业绩预告的对象是股票上市后持续经营期间的业绩（盈利），盈利预测的对象是股票公开发行时的业绩（盈利）；强制性不同，业绩预告是强制性和自愿性相结合，盈利预测是自愿性披露；审核要求不同，业绩预告一般无须注册会计师审核，而盈利预测必须经过审计；法律责任不同，业绩预告违规行为的法律责任不是很明确，而盈利预测违规行为需承担相应责任；披露时间要求不同，业绩预告通常与定期报告相一致，多为一个季度，而对盈利预测来说，如果在第三季度之前公开发行股票，则只需对当年盈利做出预测，如果是在第三季度之后公开发行股票，则需要对当年盈利和下一会计年度不少于 12 个月的盈利进行预测。

综合上述分析，我国的盈利预测大多与 IPO（首次公开发行）绑定，多出现在一级市场中。我国的业绩快报制度并不健全，只是一种被动的救火式制度。考虑到实证研究数据的结构特征和研究的目的意义，本书的研究内容并不包括盈利预测和业绩快报，而只把业绩预告（含业绩预警）作为研究对象。需要说明的是，我国的业绩预告在内容和形式上基本等同于国外的盈利预测，因此，在引用国外研究文献时，有时仍保留了盈利预测的概念。

（2）管理层、管理者、高管

管理层是指包括公司"董事、监事、高管"在内的全体管理人员；管理者不具有特指性，泛指管理层中的某一个体；高管是高级管理人员的简称，是负责公司经营管理、掌握公司重大决策和重要信息的人员，包括总经理、总裁、首席执行官、副总经理、副总裁、董事长秘书等。在本书中，为了行文方便，一般使用"高管"这一概念。在个别地方，偏重整体概念时，使用"管理层"；偏重个体概念时，使用"管理者"。

（3）委托人与代理人

在委托代理理论中，公司股东是委托人，代表股东利益的董事会是代理人，而在公司内部治理结构中，董事会又是委托人，高管是代理人。考虑到我国上市公司中委托代理关系的复杂性，本书将公司股东视为委托人，将包括"董事、监事、高管"在内的整个管理层视为代理人。

1.5 研究方法

本书采用规范研究与实证研究相结合、规范研究为基础、实证研究为主体的研究方法。

规范研究历来是会计研究的重要方法，规范性的理论框架是进行逻辑推理的基础，运用管理学、经济学、心理学、行为学等相关理论，推导出最终的研究结论。本书全面、系统回顾了高管激励和业绩预告相关理论及文献，并结合我国特有的制度背景，归纳、演绎出多个具体的研究视角，提出了明确的研究假设，探究并比较不同激励形式、不同高管背景特征、不同产权属性、不同产品市场竞争态势、不同薪酬水平、不同消息性质、不同股权激励方式等方面拓展上市公司业绩预告行为的影响因素和市场反应。

在实证研究方法上，本书主要进行了多元线性回归分析和事件研究。在此基础之上，本书运用主成分分析（principal component analysis，PCA）方法合成高管权力变量，将原来的较多变量通过线性变换重新组合成较少综合变量以达到降维的目的；本书通过在模型中引入交互项，对高管股权激励影响公司业绩预告行为的作用情境进行了探究；本书还运用 Heckman 模型和倾向评分配对（propensity score matching，PSM）的方法，尝试解决样本选择偏误和内生性问题，使得研究过程及结果更加稳健。

1.6 研究创新

相比现有的国内外研究文献，本书的研究特色和创新点主要体现在以下几个方面：

第一，本书以上市公司业绩预告行为作为研究对象，立足于高管股权激励这一独特研究视角。学术界对上市公司信息披露的研究，往往聚焦于以历史信息为主的报告行为研究，以预测信息为主的业绩预告行为方面的研究还比较少见，而在这比较少见的研究中，又多以研究业绩预告的经济后果为主，相对缺少对业绩预告影响因素的系统研究，特别是把不同高管股权激励形式与公司业绩预告行为及其市场反应联系起来的系统研究。因此，这是一个较新的研究命题。

第二，本书研究指标和研究视角多样，构筑了一个相对完备的研究体系。一方面，本书把高管股权激励细分为高管持股和实施股权激励计划两种形式；另一方面，把公司业绩预告行为细化为自愿业绩预告和业绩预告特征两个层面，并具体运用"三性"（精确性、准确性、及时性）来刻画公司业绩预告特征。为了系统探究我国上市公司高管股权激励对公司业绩预告行为影响的作用情境，本书还辅之以高管经验、产权性质、产品市场竞争、高管权力、薪酬激励、信息性质等密切相关变量。实证结果表明，股权激励对公司业绩预告行为具有激励效应，高管持股与实施股权激励计划的激励效应存在一定差别，不同辅助变量对股权激励效应的影响呈现出不同的特点，验证了"高层梯队理论""产权理论""现代竞争理论"和"高管权力理论"等在我国上市公司业绩预告实践中具有独特表现。本书在一定程度上丰富了公司业绩预告行为影响因素的研究内容和研究成果。

第三，在公司业绩预告行为的市场反应方面，承接前文进行细化、拓展性研究，形成一个前后呼应的有机整体。现有文献大多基于未预期盈余（业绩预告的前置比较变量）来研究其对资本市场的影响，鲜有研究业绩预告行为本身的精确性、准确性（业绩预告的后置比较变量）、及时性等特征的市场反应，特别是在高管股权激励条件下业绩预告行为的市场反应。本书的细化、拓展性研究表明，公司业绩预告行为的"三性"特征具有显著的信息含量，对资本市场的股票价格具有显著影响；与此同时，在高管股权激励条件下，业绩预告行为的市场反应具有反向性特征（增强或减弱），从而为高管股权激励条件下公司业绩预告行为的市场反应提供了新的实证证据。

2 理论基础和文献综述

2.1 高管激励理论①

2.1.1 内容型激励理论

人的内在需要和动机是推动其从事某种活动的本源，也是研究如何对人进行激励的起点和基础。内容型激励理论是一个重在研究人的内在需要构成要素以及这些构成要素如何影响人的行为的理论，主要包括需要层次理论、双因素理论、ERG 理论、成就需要理论等。下面结合公司高管激励问题逐个对上述理论进行阐释：

（1）需要层次理论

Maslow（1943）在其所著的《人的动机理论》一书中提出了需要层次理论。他把人的需要划分为五个层次，自低到高依次为生理需要、安全需要、社交需要、尊重需要和自我实现需要。一般来说，只有在满足低层次需要的基础上，人才会进一步追求较高层次的需要，此时，高层次的需要对人才会具有激励效应。依据 Maslow 的理论，要调动和激发人的积极性，就必须针对不同人的不同需要层次，通过满足其更高层次的需要来实现对人的激励效应。

需要层次理论对于需要层次的划分过于简单、机械，缺乏实证研究的支持，但其易于理解，容易把握，符合人类活动的认识规律，是影响最为深远的激励理论，是研究上市公司高管激励机制的基础。高管生理需要的激励内容主要包括基本工资、住房补贴、医疗保障等；高管安全需要的激励内容主要包括人身保险、失业保险、额外福利等；高管社交需要的激励内容主要包括社会团体任职、社会

---

① 尽管本书的研究视角是基于股权激励的公司业绩预告行为研究，但同时也涉及薪酬激励的影响，因此，在阐释理论基础时，仍需要进行全面、基本的激励理论分析。

交往中的在职消费等；高管尊重需要的激励内容主要包括精神奖励、授予荣誉称号等；高管自我实现需要的激励内容主要包括培训学习、职业规划、职务晋升、社会进位提升等。对高管进行激励，应该要特别注意通过多种途径来满足其较高层次的多方面需要，激发其内在的积极性、主动性和创造性。

（2）双因素理论

Herzberg（1959）提出的双因素理论认为，能够使人感到满意的因素通常是由工作本身所产生的，称之为激励因素，包括获得成就、被同事承认、工作性质本身、被赋予责任大小、晋升机会、成长前景等；使人感到不满意的因素多与工作的周围环境有关，称之为保健因素，包括监督机制、公司政策、与监督者的关系、工作条件、工资待遇、同事关系、个人生活、与下属的关系、保障机制等。保健因素只具有安抚的作用，激励因素才具有激励效应。因此，有效的激励策略应当包括两个层次：首先，必须保证在保健因素方面得到满足，要有舒适的工作环境、便利的工作条件、和谐的人际关系，为工作的顺利开展创造条件，从而消除存在的不满意。其次，采取多种途径满足激励因素，如丰富工作内容，明确工作责任，创造晋升机会，充分激发人的积极性、主动性、创造性，促使其不断进步和发展，取得一个又一个的成功，形成良性循环，使其成就感在工作中得到极大的满足。

虽然双因素理论也存在缺陷：可靠性问题、评价标准问题、样本选择问题等，但其选择高级劳动者作为研究对象，正好可以用来解释公司高管激励问题。对于公司高管来说，其较低层次的需求已经基本得到了满足，保健因素已经不能起到激励作用。因此，如果要对公司高管进行激励的话，就应该从更高层次的激励因素着手，采取多种措施，充分发挥激励因素的激励效应，从而创造更多的价值和财富。

（3）ERG 理论

Alderfer（1972）提出了 ERG 理论。该理论认为，人有三种核心需要：生存需要（Existence），包括生理、物质、金钱、安全等需求；关系需要（Relatedness），强调人与社会环境之间的互动联系，包括社交、受人尊敬等需求；成长需要（Growth），主要是指努力改善自身能力的需要，包括自尊、个人发展、施展才华、自我实现等需求。

ERG 理论是对 Maslow 提出的需要层次理论的进一步发展，它有两个有别于 Maslow 需要层次理论的核心观点，一是生存需要、关系需要和成长需要会同时发挥激励作用，因此，在同一时间里，人可能会受到获得薪酬（生存需要）、结交朋友（关系需要）、培训学习（成长需要）等方面的多重激励；二是提出了"气馁性回归"的概念，如果对高层次需要的追求一直无法实现的话，人的内心就会感到气馁，而后就回归到对低层次需要的追求上。比如，当人感到晋升无望时，高层次的成长需要得不到满足，其就会转而追求更多的金钱，为低层次的生存需要所激励。

ERG 理论能够更有效地解释高管激励现象，具有重要的现实指导意义。既然高管在相同的时间内存在着多种需要，公司就应当对其进行全方位的激励；当高管低层次的物质需求得到满足后，就会追求更高的精神方面需要（晋升、名誉、社会地位等），如果在精神需求方面得不到满足，那么就会回归到追求更多的物质财富，这可能会导致高管采取不正当的手段损害公司的利益，现实中这样的损公肥私案例比比皆是，也是对这个理论最好的证明。因此，公司要重视物质激励手段和精神激励手段的配合应用，不能只强调一种手段而忽视另一种手段。

（4）成就需要理论

Meclelland（1961）提出了成就需要理论。该理论认为，人的生理需要基本得到满足后，还存在着三种基本需要：成就需要（need for achievement）、权力需要（need for power）和社交需要（need for affiliation）。成就需要是指实现目标、追求挑战、争取成功的需求；权力需要主要是指能够影响或控制他人行为的强烈渴求；社交需要主要是指渴望与他人建立和谐友好关系的需求。

成就需要理论提出的权力需要对高管激励来说具有重要意义。对于高管来说，身处权力中心，因此，在所有需要中，权力需要是最重要的，卓有成效的高管通常是那些有着高度权力需要、适度成就需要和低度社交需要的人，因此，从增强高管激励效果、有利于公司稳定发展的角度考虑，必须安排好内部权力的层级、分配、衔接等问题。

2.1.2 过程型激励理论

过程型激励理论通过分析人的行为从产生、发展、维持到结束这样一个完整过程，研究激励实现的过程和机理。其主要代表理论有期望理论、公平理论、波特－劳勒激励模型等。

（1）期望理论

Vroom（1964）在他的《工作和激励》一书中，首先提出了期望理论。该理论认为，人是有理性的，人是否采取某种行为取决于两个因素：经过努力实现该种行为结果的可能性大小和这种行为结果对行为人的价值大小。因此，激励一个人采取某种行为的激励强度是其认为实现该种行为结果的期望概率与这种行为结果对行为人的预期价值的乘积，可以用公式表示为：$M = E×V$，其中，M代表激励强度，V代表行为结果对行为人的预期价值大小，E代表实现行为结果的期望概率。这个期望概率包括两个方面的内容：一是行为人主观判断经过努力实现所在单位目标的概率，二是因为所在单位目标的实现，从而使行为人自己个人目标实现的概率，这两种概率的乘积就是期望概率E。预期价值越大，完成目标的期望概率越大，激励强度也就越大。期望理论第一次把个人目标与单位目标有机地联系在一起，具有重要的理论和现实意义。

期望理论遵循的逻辑思路是：努力工作—实现绩效—实施奖励—满足个人需要，这对我们研究高管激励效应具有重要的启示：首先，高管通常是根据以往的经验教训来判断经过自己的努力工作实现预计绩效目标可能性的大小。如果这种可能性较大，高管就会受到激励，充分发挥内在潜能，努力实现既定绩效目标；反之，如果这种可能性较小，高管就会失去工作热情和动力，也就不会有好的工作绩效结果。因此，在制定绩效目标时，一定要注意超前性和可行性的结合，在可行性的基础上体现一定的超前性，不能脱离实际状况。其次，实现既定绩效目标后，高管出于自身利益的考虑希望能获得相应奖励，这种奖励既包括物质奖励，又包括精神奖励。如果高管认为获得合理奖励的概率较大，就会产生强大的内在动力，迸发出巨大的工作热情；反之，如果高管认为获得合理奖励的概率较小，则会产生消极怠工行为。最后，高管总是希望获得的奖励正是当前自己所需要的，能够满足自己眼下最迫切的需要，由于每个人的性别、年龄、职务、经历、经济条件等存在差异，因此，每个人的需求层次、需求强度都是不同的，同样的奖励，对不同的高管产生的激励效果不同，所以，在对高管进行奖励时，要因人而异，因时因地变化。

期望理论引起的质疑主要是由于行为人的决策过程过于复杂而难于付诸实践等，但它已经成为解释工作激励过程的重要理论，是目前最主要的激励理论之一。

（2）公平理论

Adams（1963）在其发表的《对于公平的理解》一文中，提出了公平理论。该理论认为，一个人既关心自己获得报酬的绝对数，又关心自己获得报酬的相对数，他经常会与周围的人和社会进行比较，在不断比较中判断自己获得报酬的公平性，这将对其未来的工作积极性产生重要影响。这种影响可以用公式表示：$Q_p/I_p = Q_x/I_x$，公式中，Q_p表示个人对自己所得报酬的主观感受，I_p表示个人对自己付出劳动的主观感受，Q_x表示个人对他人所得报酬的主观感受，I_x表示个人对他人付出劳动的主观感受，这里的所得报酬主要包括薪酬、股权、期权、职务晋升、领导表扬、被尊重认可等，付出劳动主要指投入的时间、资本、知识、努力、责任心等。在权衡比较中，可能会出现如下三种情况：$Q_p/I_p=Q_x/I_x$，自己感到公平合理，从而受到激励，努力工作；$Q_p/I_p<Q_x/I_x$，自己感到不公平，产生消极心理，促使当事人要求增加报酬、减少付出，甚至离职等；$Q_p/I_p>Q_x/I_x$，自己也感到不公平，过高的报酬会引起思想上的压力，促使当事人要求减少报酬、增加付出等。

公平理论揭示了权衡比较后当事人的心理状态和行为变化，对高管激励有着重要的启示意义：首先，公司在对高管进行激励时，既要注意纵向比较，又要考虑横向比较，要把纵向比较和横向比较有机结合起来，具体来说，要把公司薪酬差距进一步区分为高管平均薪酬与所属行业平均薪酬之间的差距、高管与普通员工之间的薪酬差距和高管内部的薪酬差距三个方面，综合权衡考虑，制定公平合理的薪酬制度体系，使其所得报酬与付出劳动相适应，这样才能对高管真正产生激励效应，才能吸引并留住优秀人才。其次，高管获得的报酬或奖励必须与其实现的绩效目标相适应，使其感受到被公平对待，从而激励其努力工作，创造更多的价值。最后，如果现实工作中确实存在着不公平现象，就要想方设法尽快解决，如果由于主客观条件的限制无法及时解决，也要做出必要的解释说明，争取获得当事人最大程度的理解，把做好思想工作作为解决问题的重要手段。公平理论存在以下问题：付出的劳动无法客观、准确评估，这种投入产出比较是行为人单方面、纯主观的比较，现实中人们往往会高估自己、低估他人的投入与产出等。

（3）波特-劳勒激励模型

Porter 和 Lawler（1973）在期望理论和公平理论的基础上提出了一个更加全面的激励过程模型，如图 2.1 所示：

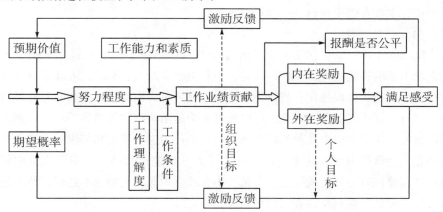

图 2.1 波特-劳勒激励模型

波特-劳勒激励模型主要包括以下内容：①一个人是否努力工作，取决于实现行为结果的期望概率的大小和行为结果对行为人的预期价值的大小的乘积。如果一个人有信心完成某项工作，并且完成该项工作对其有重要意义，那么他将会付出巨大努力并对未来充满信心。②个人在工作上的业绩贡献是其工作能力大小、努力程度高低以及对工作任务理解程度的深浅共同作用的结果，而非单一因素影响的结果。因此，要提高业绩贡献必须从多方面入手，不能顾此失彼。③做出工作上的业绩贡献后，就要给予行为人相应的奖励，包括内在奖励（获得认可、自尊、自我实现等）和外在奖励（增加薪酬、晋升职务等）。④受奖励者是否会产生满足感受，主要受其对自己所获报酬与所做付出与他人进行比较后的公平感的影响。⑤个人对满足程度又会进行反馈，其将影响行为人在下一轮工作中对预期价值和期望概率的认识和估计，如此循环往复，激励行为人取得更大的成绩。

波特-劳勒激励模型是过程型激励理论的进一步发展，比期望理论和公平理论更为完善，为许多人接受并在实践中广泛采用。它告诉我们，对高管的激励过程并不是一件简单的事情，需要对公司的薪酬制度体系进行全面的评价，综合考虑薪酬结构、制度设计、内部分工、目标体系、考核办法、激励反馈等因素，建立完善的薪酬激励评价体系，将波特-劳勒激励模型中的完整体系（努力程度—业绩贡献—奖励机制—满足感受）有机融入公司整个管理系统中，充分发挥其对高管的激励效应，不断提升公司价值。

2.1.3 行为改造型激励理论

行为改造型激励理论是通过对人的外在行为进行改造来实现激励效果的一种理论，主要有强化理论、归因理论等。

（1）强化理论

Skinner（1957）在其发表的《语言行为》一书中，提出了研究激励与行为之间关系的强化理论。该理论认为，当行为结果对人有利时，人就会重复这种行为，该行为得以强化；当行为结果对人有害时，人就会减少和回避这种行为，该行为则得到弱化。因此，可以通过正确运用奖励和惩罚等手段来达到激励的目的。主要有以下几种策略选择：对有利行为进行肯定和奖励，即实施正向强化，使该行为继续或重复；对不良行为进行禁止和惩罚，即实施负向强化，从而使该行为弱化或终止；对某种不合理行为既不奖励也不惩罚，即不进行强化，降低其重复率，直到自然消失。

强化理论提出了对高管实施有效激励的一种重要方法，即通过表扬和奖励使高管的有利行为得以加强，通过惩罚手段阻止其有害行为，从而引导高管行为达到预期目标，同时要把握好奖励和惩罚的时机，对不同高管采取不同的奖励方式和惩罚手段，以达到最佳的激励效果。

（2）归因理论

Heider 和 Ross（1958）提出了归因理论。该理论认为，人能够认识、归结行为背后的原因，通过分析、改变行为背后的原因，从而对人的行为产生一定的激励效应。归因理论主要研究人的认识与行为之间的关系。一般说来，对于曾经的成功，人们通常会认为有以下四种原因：付出了较大努力，自身能力强，任务难度低，自己运气好。对于曾经的失败，如果认为是由于自身能力低和任务难度高导致的，就会使人丧失信心，放弃努力行为；如果把失败的原因归结为自己努力不够和运气不佳，人们就会继续努力，直至成功。

归因理论对高管激励有很好的启示，过去做出的成绩具有激励效应，能够激励高管继续努力工作。特别是当工作中遭受挫折或失败时，要全面分析导致挫折和失败的主客观原因，正确认识哪些原因是不可控的，哪些原因是可以控制的，相信凭借自己的能力、通过自身努力能够控制和改变现状，激励自己走出失败的阴影，从而达到期望目标并争取未来取得更大成绩。

2.1.4　小结

综合上述内容型、过程型和行为改造型三种激励理论，其创立的初衷是为了解决公司一般员工的激励问题，但同样适用于公司高管。在公司治理中运用这些理论同样能够提高高管工作的积极性、主动性和创造性，创造公司价值和财富。上述激励理论不仅能为建立健全公司激励约束机制提供理论支持，而且更是提出了一些具体的操作方法，具有很强的现实指导意义，既可以对现实中的激励现象做出合理解释，又为激励理论的发展和实践创新奠定基础。高管激励理论强调激励机制在公司治理中的核心地位，激励机制为其他的管理活动（生产、经营、研发、财务等）提供动力支撑，并揭示了激励过程的内在本质和基本规律。基于高管的内在需要，深入研究激励实现的过程和机制，注重激励方法和技巧的运用，能够有效解决管理实践中的高管激励问题，并为本书的实证研究提供坚实的理论基础。当然，由于现实是丰富的，实践是不断发展的，高管激励理论不可能包罗万象，尚存在着偏重微观方法、侧重一般人性分析、缺乏针对性等不足。

2.2 业绩预告相关理论

在传统经济理论中，能够用于解释说明公司信息披露行为的有很多，主要有有效市场理论、信息不对称理论、委托代理理论、信号传递理论、自利动机理论、协同动机理论等。下面结合公司业绩预告行为对上述理论逐一进行阐释。

2.2.1 委托代理理论

Jensen 和 Meckling（1976）、Grossman 和 Hart（1982）、Fama 和 Jenson（1983）、Jensen（1986）等提出并发展了委托代理理论。委托代理理论基于三个前提假设："经济人"假设、信息不对称、代理人行为难以察觉。现代企业制度的核心是所有权和经营权相分离，所有者或股东（委托人）将自己公司交与经营者或高管（代理人）管理，双方签订有效合约，明确彼此的权利和义务，代理人在授权范围内开展活动，致力于实现委托人利益最大化。但在实际经济活动中，代理人与委托人的目标函数并不一致，代理人为了追求自身效用最大化可能会损害委托人利益，导致两者之间出现利益冲突，从而产生"道德风险"或"逆向选择"问题。具体到公司信息披露层面，代理人直接参与公司生产经营管理活动，熟悉并掌握公司全部信息，具有绝对信息优势，而对于委托人来说，其置身公司经营管理之外，无法准确了解代理人的努力和偏好，不可能完全掌控代理人行为，只能通过代理人的信息披露来了解和把握公司的生产经营状况，在信息占有上处于劣势地位。因此，两权分离导致代理人和委托人之间产生信息不对称。

现实中，除了上述委托人与代理人之间的委托代理问题外，还存在债权人与代理人之间、大股东与中小股东之间的委托代理问题。债权人把资金使用权转让给代理人使用，目的是按期取得资金利息，到期收回资金本金，而代理人可能会通过筹措更多债务、投资高风险项目等方式损害债权人利益，从而产生代理问题。大股东实际上拥有公司的控制权，对公司的生产经营活动拥有最终决策权，中小股东很难直接参与公司生产经营管理活动，从而导致大股东与中小股东之间的代理问题非常普遍，有时会相当严重。Shleifer 和 Vishny（1986）研究发现，大股东基于自身利益最大化考虑，会采取损害中小股东利益的行为。Claessens 等（2000）研究认为，当大股东对公司的控制权超过现金所有权时，其对中小股东的损害程度可能会更加严重。Morck 等（1988）的研究显示，大股东与中小股东之间的"利益趋同效应"与"壕沟防御效应"随持股比例的变化而变化，当大股东持股比例在 5%~25%之间时，"壕沟防御效应"成为主导效应，当大股东持股比例大于 25%时，"利益趋同效应"成为主导效应。

为有效缓解代理人与股东及债权人等委托人之间的目标异向和利益冲突，降低信息不对称程度和委托代理成本，委托人会积极采取各种激励约束措施来解决代理问题，制定基于绩效的代理人最优补偿合约，比如高管持股、实施股权激励计划等，使代理人持有公司一定股权，对公司资产及剩余价值拥有索取权并承担相应风险，最大限度地降低两者之间的利益冲突，从而将两者利益紧密联系起来，激励代理人努力工作。另外，通过构建高效的公司治理结构，完善信息市场（机构投资者、分析师、评估机构等）、产权市场、经理人市场等途径，促使代理人行为与委托人利益保持一致，在一定程度上缓解代理问题。

Jensen 和 Meckling（1976）深入研究了股权代理成本和债权代理成本，从产权结构视角诠释委托代理问题，认为代理成本是客观存在的，其大小取决于委托人与代理人签订合约的合法性和双方的开放程度，且需从这两个影响因素着手来降低代理成本；随着代理人持有本公司股份的增加，代理人损害公司利益的行为会减少，从而产生利益协同效应。Fama（1980）、Fama 和 Jensen（1983）系统研究了现代企业制度下的两权分离问题，认为管理专业化使委托人向代理人让渡部分甚至全部决策权，这也是控制代理成本的有效途径。Baker（1992）研究认为，通常情况下，委托代理合约并不能对代理人提供最优激励，除非其充分体现委托人和代理人利益目标。Lippert（1996）通过建立模型来解决委托代理问题，以实现代理成本最小化和期望效用最大化。

委托代理理论可以用来解释公司业绩预告行为。Gaber（1985）研究了代理人自愿披露盈利预测的影响因素，认为代理成本与盈利预测信息披露之间是正相关关系，代理成本越高，代理人越有动机对外披露盈利预测信息，从而降低委托代理成本。Healy 和 Palepu（2001）研究发现，对代理人采取股票期权激励方式的公司，更可能积极发布盈利预测信息，以避免因公司股价被低估而损害代理人自身的利益。信息披露能够降低委托人和代理人之间的信息不对称，一定程度上缓解委托代理问题，但是，如果公司信息披露行为被代理人操纵，反而会增加代理成本。Jensen（2005）研究认为，对公司业绩进行操纵会引发新的代理问题，虚高的业绩可能导致公司股价偏离实际，从而加剧委托代理问题。

2.2.2　信号传递理论

信号传递理论的逻辑思路是，高管对外传递信息，投资者根据获得的信息进行决策，进而影响资本市场股票价格的变动。该理论通过分析高管与投资者之间的信息披露与传递过程，旨在降低资本市场中的信息不对称，为自愿性信息披露动机提供了很好的解释。

Ross（1977）系统研究了信号传递理论在财务领域的应用，认为在信息不对称条件下，公司传递信息的信号模式有三种：利润公告、股利公告、融资公告，由于存在着盈余管理和利润操纵，股利公告被认为是相对可信的；高管控制着内部信息，通过发布财务报告和业绩预告对外传递利润信号，通过股利政策的选择对外传递股利信号，通过资本结构的选择对外传递融资信号。投资者只能根据这些传递出来的信号进行价值评判和投资决策。披露好消息能够提高股价，公司高管具有披露好消息、隐瞒坏消息的动机，这样将可能导致市场中大多为利好消息。同时，由于投资者辨别能力有限，导致其可能采取逆向选择，这样将可能促使高管通过增加信息披露对外传递信号。

Penman（1980）研究了信号传递理论在公司盈利预测信息披露领域中的应用，业绩较好的公司通常会主动进行盈利预测信息披露，向市场和投资者及时传递利好信息和积极信号，树立自己良好的市场形象，以使自己区别于业绩一般的公司，从而降低公司资本成本，稳定和提高公司股票价值；对于业绩一般的公司来说，面对激烈的市场竞争，为使自己区别于业绩较差公司，也会通过主动披露信息对外传递积极信号，努力展示自己的市场竞争优势，避免为市场所"降级"；而业绩较差的公司就缺乏积极披露的动力，除非有证券监管机构的强制要求。因此，在信号传递机制下，资本市场上的绝大多数公司都会积极主动披露盈利预测信息。Lev和Peruman（1990）研究认为，对于业绩好的公司来说，信息生产成本一般较低，盈利预测提供的信息量较大，信息披露时间间隔较短，因此，可以通过披露次数对公司的优劣做出相应判断。乔旭东（2003）研究表明，公司的信息披露意愿与盈利能力之间是正相关关系，盈利能力越强，信息披露意愿也就越强烈，公司越会积极主动对外披露信息。

基于信号传递理论，公司高管通过披露业绩预告信息对外传递积极信号而获得利好效应，一定程度上能够缓解资本市场中的信息不对称和投资者的逆向选择行为，避免公司价值因错误评判而被低估，有利于资本市场的良性有序发展；同时，实施业绩预告这种行为本身所传达的信号有助于树立公司良好的企业形象，这些利好效应为理解业绩预告行为背后的信息披露动机提供了很好的条件。

2.2.3 有效市场理论

Fama（1965）首次提出了有效市场概念：市场中的投资者都是理性的，每个人都追求自身利益的最大化，每个人都能够从市场中获得所需要的全部信息，市场价格反映了过去已经发生和未来可能发生的交易。Fama（1970）系统总结了前人的研究成果，在实证研究的基础上提出了著名的有效市场假说。该理论认为，在一个充满竞争的市场中，市场价格反映了所有可以获得的信息，价格随信息的变化而变化，市场中的每一种证券都是按照公平的价格进行交易的，投资者根据获得的信息不能赚取超额收益，只能获得市场平均收益，这样的市场就是有效市场。依据市场效率将市场又分为三种形式：弱式有效市场、半强式有效市场和强式有效市场。弱式有效市场是指证券市场价格仅仅反映所有过去的历史信息，包括交易价格、交易数量等，因此，在弱式市场中，投资者已不能利用历史信息获取超额收益，只有基于历史信息所进行的证券基本分析才可能使投资者获得超额收益。半强式有效市场是指证券市场价格包含了所有历史和现时的公开信息，包括交易价格、交易数量、生产经营盈利公告、股利分配等，因此，在半强式市场中，投资者已不能利用公开信息获取超额收益，当前公开信息已经失去价值，只有内幕信息才可能使投资者获得超额收益。强式有效市场是指证券市场价格充分反映了所有信息，包括已公开和未公开的信息，它是一种理想的有效市场形态，因此，在强式市场中，任何信息对投资者都已经失去意义，投资者无法获得任何超额收益。随后的研究成果表明，大多数国家的资本市场属于弱式有效市场，美国等西方发达国家基本已经达到半强式有效市场状态。

有效市场理论奠定了现代经济学的理论基础，为建立健全资本市场信息披露制度提供了理论依据。提高资本市场有效性的关键是要建立强制性信息披露制度，解决好信息生产、信息传递、信息解读和信息反馈等问题。公司通过财务报告和业绩预告等信息披露形式把生产经营信息向市场和投资者传递，投资者通过信息解读对公司价值进行评判并做出相应的投资决策。但由于资本市场的复杂性，信息传输速度和信息解读能力存在差异，信息披露会引起股价的非正常波动，给操纵市场谋取私利行为提供了可能空间。高管控制着公司信息披露行为，可能会基于某种自利动机选择信息披露的形式、内容及频率等，从而影响股票市场价格和投资者决策行为。

业绩预告作为公司信息披露制度的重要组成部分，是以预测数据方式披露公司预计盈利信息的，对投资者的决策行为可能更有价值。业绩预告既反映公司历史的生产经营状况，又反映公司未来的预期发展，是对传统的以历史信息为核心的财务报告制度的有益补充和进一步发展，对资本市场的健康发展将产生重要影响。在有效市场理论下，业绩预告的市场反应因市场形式不同和市场有效性强弱而存在差异。

我国的市场经济起步较晚，还处在不断发展完善的过程中，大量研究认为我国资本市场属于弱式有效市场，市场价格反映所有过去的历史信息。许涤龙和王珂英（2001）验证了上海股票市场达到了弱式有效；许涤龙和吕忠伟（2003）再次验证了深圳股市具有弱式有效性。郭睿和马骥（2004）研究表明，我国的资本市场属于弱式有效市场。戴晓凤等（2005）研究显示，除上证指数外，其他的指数都呈现弱式有效。在弱式有效市场条件下，高管基于历史信息对公司预期盈利进行预测，投资者基于历史信息对证券进行基本分析，通过对公司的现时和未来信息进行研究评判来获得超额收益。业绩预告信息能够引起市场反应和股价变动，影响投资者的价值判断和决策行为，促使高管基于某种动机对公司业绩预告行为实施控制，这正是有效市场理论在业绩预告实践中的应用。

2.2.4　信息不对称理论

传统经济学理论通常假设经济行为主体拥有完全信息，这与现实严重不符。在现实中，由于环境的复杂性、人的有限理性等，导致人们拥有的信息总是不完全和不对称的。信息不对称理论是在弥补传统经济学理论缺陷和不足基础上的新发展，是现代信息经济学的核心内容之一，它是指在市场活动中，经济行为主体对信息的占有是不同的，占有信息多的一方处于优势地位，占有信息少的一方处于劣势地位，信息劣势方想要掌握信息优势方所占有的私有信息，就需要支付相应的验证成本，这样，信息优势者将面临"道德风险"，信息劣势者可能会进行"逆向选择"，结果可能会导致市场失灵。Stiglitz 最早提出了信息不对称概念，Barnea 等（1985）、Trueman（1986）对会计领域的信息不对称现象进行了研究。

资本市场中的信息不对称现象产生的原因与证券产品所具有的"非信息本源性"、信息披露的直接成本和间接成本、投资者的信息获取能力等因素有关，结果可能会导致市场萎缩。公司拥有全部信息，是信息的生产者和发布者，投资者不但对信息量占有较少，而且获取信息的能力也很有限，由于投资者的逆向选择行为，绩效好的公司会慢慢淡出市场，导致市场机制发生严重扭曲。公司治理视角下的信息不对称源于高管与投资者之间的委托代理关系，为高管谋求自身利益最大化提供了机会。高管占有全部历史信息和现时信息，能够比较准确预测公司未来业绩，但高管出于多种考虑可能并不会进行完全的信息披露和业绩预告，并不会把自己掌握的信息以及对未来业绩的预测全部、如实地对外披露，从而导致信息披露和业绩预告领域的信息不对称，影响投资者的决策和经济利益。

信息不对称是市场经济的固有特征，对市场机制的有效运行产生负面影响。在实际经济活动中，高管会出于某种自利动机，利用自己的信息优势地位对信息披露行为进行操纵，从而进一步加剧信息不对称，如内部人交易、选择性披露等。我国的市场经济发展较晚，资本市场是一个新兴市场，各项法律法规、监管体制、市场主体行为规范等仍处在不断完善之中，信息披露操纵行为时有发生，市场中的信息不对称现象更为严重。因此，证券监管机构应当采取有效措施，建立和完善有关信息披露的法律法规，通过制定会计准则体系和信息披露规范等制度，要求公司管理者必须公开披露有关信息，降低信息不对称程度，从而规范资本市场主体行为，保护中小投资者利益，促进资本市场健康良性发展。

业绩预告制度是我国资本市场不断发展的产物，在资本市场中具有十分重要的作用，是对传统的以财务报告为核心的信息披露制度的有益补充和进一步发展。业绩预告是公司基于历史信息对未来盈利状况所进行的事先估计，为市场和投资者提供及时有效的预期信息，降低信息不对称程度，有助于投资者准确把握公司未来发展，正确做出投资决策，促进市场资源的合理、有效配置。影响公司业绩预告行为的因素有市场环境变化、证券监管机构要求、高管预测能力、高管信息披露动机等，特别是信息披露动机，高管会基于不同的信息披露动机（自利动机和协同动机），操纵公司业绩预告行为，利用信息优势对业绩预告进行选择性披露，充分披露利好信息，少报、缓报甚至瞒报不利信息，对投资者的决策行为和市场资源配置产生重要影响。随着业绩预告实践的发展，我国的业绩预告制度从预亏公告、预警公告到预盈公告和预增公告，要求不断提高，已经成为资本市场信息披露的重要组成部分。

2.2.5　自利动机理论

Adam Smith（1776）在其著作《国富论》中提出了"经济人"假设，该假设认为，人是有理性的，其一切行为源于经济诱因，利己是人的本性，人都会致力于追求最大的经济利益，工作动机就是为了满足自己的物质需要。Jensen和 Meckling（1976）研究认为，公司高管同样拥有自利动机，追求的是薪金报酬、在职消费和闲暇时间的最大化。Morck 等（1988）、Walsh 和 Seward（1990）等研究表明，高管在公司内、外部管理控制机制下，选择有利于巩固自身职位并能够实现自身利益最大化的行为，这种利益既可能是物质利益，包括薪酬、股权、期权等，也可能是精神利益，包括自尊、名誉、地位等；随着持有本公司股份比例的增加，高管对公司的控制力增强，受到外来的约束力变小，其在公司中的地位更加巩固，很可能为了自身效用追求非公司价值最大化目标。

"经济人"假设是资本主义社会早期发展的产物，促进了科学管理制度的建立。按照自利程度不同，"经济人"又分为完全理性和有限理性两种，完全理性"经济人"追求绝对利益最大化，有限理性"经济人"追求相对利益最大化。基于"经济人"假设，公司应以经济性薪酬来激励做出贡献的积极行为，并以权力和控制体系等强制性手段对其消极行为实施惩罚，通过奖励和惩罚两种措施促使高管提高工作效率和经济效益；严格制定各项规章制度，以提高效率为中心加强各项管理工作，包括计划、组织、领导、监督等。

Jensen 和 Meckling（1994）进一步运用三个特征（聪明狡猾、权衡比较和最大化）来刻画"经济人"，研究结果证实人的行为具有自利动机，追求的是个人利益最大化，聪明的理性人懂得适应既定的社会制度安排和法律规范，使自身利益最大化建立在合理合法的基础之上。"经济人"假设存在着很大的局限性：以个人主义价值观为核心、管理模式以金钱为主导、错误的人性观等，但对现代管理实践仍具有深远的指导意义。

公司高管控制着会计信息的披露行为，作为理性的"经济人"，基于自身利益最大化的考虑，他们会对其拥有的私有信息进行选择性披露，甚至会夸大、掩盖、粉饰或扭曲对外披露的会计信息，以规避可能的风险，结果会导致会计信息的有用性降低，对投资者的决策行为和经济利益产生不利影响。业绩预告作为公司信息披露的重要组成部分，对于投资者的决策行为具有重要作用，基于高管自利动机，他们会通过控制公司业绩预告行为以降低其决策有用性，在缺乏有效制度安排的条件下可能会影响资本市场的健康稳定发展。

2.2.6 协同动机理论

Donaldson 和 Davis（1990）首先提出了管家理论，它从委托代理理论的对立视角阐释委托人（股东）和代理人（高管）之间的关系，为解读公司治理内涵提供了全新思路，一定程度上弥补了委托代理理论的缺陷。该理论认为，现实中存在着另一种类型的高管，他们是为公司和股东利益服务的利他主义者，其行为受社会动机、成就动机的驱使和非物质利益的激励，具有集体主义倾向，他们希望通过工作业绩展示自己的才能，获得完成任务的内在满足感以及他人、社会的认可与尊重等这些精神层面需要，这种对实现个人成就的追求已经超越了"经济人"假设；随着高管任职期限延长，对公司的认同度和归属感也越来越高，高管会将个人名誉与公司的发展融合起来，认识到自身利益与公司和股东利益是紧密相连的，为了实现公司发展目标，他们甚至可以牺牲个人利益；高管不再仅仅是简单的代理人，而是忠实可靠、兢兢业业、负责管理公司资产的管家，他们对自身尊严、信仰及内在工作需要满足的追求，会促使其为实现公司长远发展而努力工作，从而达到个人成就的最大化。因此，他们也是个人效用最大化的理性主义者，但不再是单纯的个人主义者，而是不受物质激励的具有集体主义倾向的管理者。管家理论的激励机制主要是认同、声誉、自律、追求成就等，在自律的基础上，高管与股东之间的利益是一致的。

Jensen 和 Meckling（1976）提出了利益趋同假说，随着持有本公司股权比例的增加，高管利益与股东利益会趋于一致，其行为偏离股东利益最大化的倾向将会减弱，盲目投资、在职消费、无所事事等损害股东利益的行为随之减少，代理成本下降，委托代理问题将会得以缓解。

管家理论和利益趋同假说为高管协同动机提供了很好的解释：在一定条件下，高管和股东之间的目标函数和经济利益能够趋于一致。基于高管协同动机，考虑到消除股东对会计信息可信度的质疑、降低公司外部筹资成本、减少公司价值被低估的可能性、降低诉讼风险以及展示管理才能等因素，公司高管有动机披露更加精确、准确、及时的高质量会计信息。业绩预告属于重要的会计信息，基于高管协同动机，他们会通过控制自愿业绩预告和业绩预告特征，提高业绩预告信息对股东的决策有用性，促进资本市场的良性有序发展。

2.2.7　小结

在梳理了公司业绩预告相关理论之后，可以明显看出，上述理论从不同研究角度诠释了公司业绩预告信息披露的整个过程：委托代理理论从公司治理角度揭示了业绩预告信息的产生机理；信号传递理论从信息传输角度揭示了业绩预告信息的传导机理；有效市场理论从市场有效性角度揭示了业绩预告信息的反应机理，从而形成了对业绩预告信息从产生、传导到市场反应整个披露过程的理论阐释，在这整个过程中所呈现的业绩预告信息特征用信息不对称理论进行解释。公司高管控制着业绩预告信息披露行为，自利动机理论和协同动机理论进一步揭示了高管披露业绩预告信息的深层动机。上述理论共同构建了研究

分析公司业绩预告行为的完整理论体系（见图2.2），为本书随后的实证研究
奠定了坚实的理论基础。

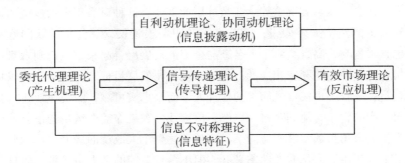

图 2.2　业绩预告相关理论体系

2.3　文献综述

业绩预告是上市公司信息披露的重要组成部分，公司业绩预告行为有别于
财务报告行为而具有自身特征。国内外学者从高管业绩预告动机、宏观和微观
影响因素、资本市场反应及各种经济后果（盈余管理、分析师预测、媒体报
道等）等方面对业绩预告的影响进行了深入研究，取得了丰富的研究成果。
鉴于本书的研究内容是不同的高管激励形式对公司业绩预告行为的影响及其产
生的市场反应，因此，我们主要从公司业绩预告行为的影响因素和资本市场反
应两个方面进行系统的文献梳理与评述[①]。

2.3.1　业绩预告影响因素相关文献回顾

（1）公司特征因素

公司的生产经营状况、财务指标、诉讼风险等方面的特征影响业绩预告行
为。Waymire（1985）研究表明，公司经营状况越稳定，越倾向对外披露更多
预告信息，向资本市场展示自己的经营优势，树立良好的市场形象。Chow 和
Wong-Boren（1987）认为，公司信息披露的数量与质量与其规模大小、资产负
债率高低存在密切关系。Malone 等（1993）研究认为，公司财务杠杆与信息

---

①　需要说明的是，我国的业绩预告在内容和形式上基本等同于国外的盈利预测，因此，在
引用国外研究文献时，参照国内早期相关文献的译法，有时仍保留了盈利预测的概念。

披露水平之间显著正相关，财务杠杆越大，信息披露水平越高。Meek 等（1995）认为，公司信息披露水平与其规模大小、公司股票发行状况、资产负债率及公司所处国家情况等密切相关。Bowen 等（1995）、Burgstahler 和 Dichev（1997）研究认为，由于信息的加工处理成本高，投资者很难完全识别信息披露中的操纵行为，因此，高管往往通过盈余管理手段粉饰经营业绩，发布激进的业绩信息，对外传递积极的企业形象。Frost（1997）研究认为，对于面临财务危机的公司来说，积极的业绩披露反而会引起负面的市场反应，可能的原因是，过分乐观的业绩披露由于严重偏离实际而令人难以相信。Soffer 等（2000）对 1993—1995 年进行盈利预测的 335 家公司进行了实证分析，研究结果表明，高管对不同性质消息的披露策略不同，在盈利预测发布当天，高管会充分披露"坏消息"，部分披露"好消息"；在财务报告公告日，高管不会再发布"坏消息"，但仍将继续发布"好消息"。也就是说，利空消息会得以及时充分披露，利好消息则会逐步披露。Koch（2002）实证研究表明，公司所处的财务困境越严重，其所发布的业绩信息越激进，披露信息的可信度也越低。Kent 和 Karenung（2003）实证研究发现，盈利预测披露水平与市场竞争激烈程度、公司收益波动程度是负相关关系，与公司外部融资需求是正相关关系。Hossain 等（2005）研究显示，公司盈利预测披露水平与其规模大小、融资需求、投资增长正相关，与行业壁垒负相关，与公司盈利水平之间不存在相关关系。Rogers（2005）研究认为，行业竞争程度的高低、公司财务状况的好坏、诉讼风险的大小、识别信息真伪的难易等对公司高管的信息披露倾向有着显著影响，竞争激烈、财务状况差、诉讼风险大、识别容易等情况往往导致消极预测和保守披露。Ainkya 等（2005）研究认为，公司高管权力越大，信息披露的频率也越高。

诉讼风险影响公司业绩预告行为，研究结论表现为两个相反方面：促进作用和抑制作用。Kasznik 和 Lev（1995）研究认为，公司业绩越差，对外发布预告的概率越大；业绩不好的状况持续时间越长，对外发布预告的概率越大。Cao 和 Narayanamoorthy（2011）、Brown 等（2005）研究表明，诉讼风险与业绩预告频率之间是正相关关系，公司面临的诉讼风险越高，业绩预告越频繁，对于坏消息尤甚；诉讼风险越高，业绩预告及时性增强，但所包含的信息量减少；诉讼风险越高，披露的好信息越不精确，披露的坏信息愈加精确。而另一些学者却得出了相反的结论：Skinner（1994）研究表明，公司高管考虑到披露坏信息对投资者带来的巨大负面影响，可能会降低业绩预告的披露频率；披露好信息的精确性提高（多采用点值预告和区间值预告形式），披露坏信息的精确性降低（多采用定性预告形式）。Bamber 和 Cheon（1998）研究认为，公司高管可能面临诉讼风险时，会选择一些特定媒介进行业绩预告；诉讼风险越大，披露的信息越模糊，以避免披露过于具体而事后被证实与实际不符。还有一些学者从诉讼风险和信息披露相互关系的角度进行研究。Field 等（2005）研究了信息披露和诉讼风险之间的相互关系，证明了促进效应和抑制效应同时存在，高诉讼风险能够促使公司进行信息披露，而信息披露能够在一定程度上降低公司的诉讼风险。

鉴于国外在公司特征因素（生产经营状况、财务指标、诉讼风险等）对业绩预告行为影响方面的研究已经相当成熟，并且为学术界普遍认可，因此，国内学者在开展研究工作时，通常把公司特征因素（营业收入、资产收益率、资产负债率、市盈率等）作为控制变量，基于我国特殊的制度背景和市场环境，选择独特视角和新的变量进行深入研究。罗炜和朱春艳（2010）研究表明，我国企业管理者在信息披露中可能遭受到的诉讼风险相对较小，管理者往往会基于自利原则减少、隐瞒、甚至扭曲对外披露信息，从而损害公司和股东利益；委托代理成本越高，管理者对外披露信息的意愿越低。张然和张鹏（2011）选择 2001—2008 年业绩预告数据为研究对象，考察我国上市公司自愿披露业绩预告的背后动机。实证研究发现，如果上市公司的融资需求越强、管理者持股比例越高、会计业绩越好，其自愿披露业绩预告的动机就越强；与非国有企业相比，国有企业自愿披露业绩预告的动机较弱。上述文献主要从诉讼风险、披露动机（融资、股权激励、会计业绩）等方面，结合我国国有企业的特殊属性进行研究，与国外的研究结论有所不同，其丰富了公司业绩预告行为的影响因素研究。

（2）公司治理因素

公司的股权结构、内控机制等治理因素影响业绩预告行为。Ruland 等（1990）认为，外部股权与盈利预测信息披露正相关，外部股权比例越大，高管越倾向于发布盈利预测信息。Mckinnon 和 Dalimunthe（1993）、Mitchell 等（1995）的研究结果都表明，股权分散度与信息披露水平之间是正相关关系，公司股权越分散，高管越倾向于披露业绩信息。El-Gazzar（1998）认为，机构投资者的存在会促使公司自愿进行信息披露，而 Schadewitz 和 Blevins（1998）却得出了相反的结论，其认为机构投资者对公司自愿信息披露行为具有阻碍作用。Chen 和 Jaggi（2001）认为，公司独立董事比例与强制性信息披露正相关，独立董事比例越高，信息披露越频繁。Hossain 等（2005）研究表明，董事会的监督有助于提高公司的盈利预测披露水平。Karamanou 和 Vafeas（2005）研究了公司治理机制的有效性与自愿信息披露之间的关系，以董事会和审计委员会结构来衡量公司治理机制，以公司业绩预告来衡量自愿信息披露，研究发现，公司治理机制越有效，业绩预告的频率越高，实质上的准确性越高，形式上更不精确，并且能够引起资本市场的显著反应。

张翼和林小驰（2005）的研究表明，相对于地方国企和非国有企业，央企和地方政府控制的企业更愿意进行盈利预测和业绩预告；而地方国企和非国有企业，股权集中度越高，越不愿进行盈利预测和业绩预告；在控制变量方面，市账比率、资产负债率和资产报酬率的影响显著，而机构投资者、董事会规模、独立董事的影响不显著。

杨清溪和高惠松（2007）选择台湾上市公司的 176 个数据作为样本进行研究，结果发现，董事会规模、现金流量权和公司控制权能够提高盈利预测准确性，而当两职合一时，则会降低盈利预测的准确性；独立董事、独立监事、内部董事对盈利预测准确性的影响并不明显。

高敬忠等（2011）选择 2004—2007 年我国 A 股上市公司的 7 906 个公司的季度观测值为样本，研究机构投资者持股对业绩预告信息披露的影响。实证结果表明，机构投资者持股对业绩预告信息披露具有积极影响，持股比例越大，业绩预告的精确性越高，及时性越强；不同类型的机构投资者对业绩预告信息披露的影响程度不同，银行、财务公司类机构、一般基金类机构对其影响较强，养老、保险类机构则影响较弱；机构投资者持股规模增大易导致公司进行激进的业绩预告信息披露；股权分置改革促使机构投资者对业绩预告信息披露的积极效应得以增强。研究结论为积极培育和壮大我国资本市场中的机构投资者提供了经验证据。

高敬忠等（2013）以 2004—2007 年 A 股上市公司的季度业绩预告数据为研究对象，考察了上市公司控股股东行为（第一大股东的持股比例）对业绩预告披露策略的影响，实证结果表明，控股股东持股比例与业绩预告的预告偏差、预告偏向、及时性之间呈倒"U"形关系，与业绩预告的具体性之间呈"U"形关系。这说明，在公司业绩预告中，控制股东的利益防御动机与利益趋同动机同时存在，并随着持股比例的变化而变化，从而得出了需要进一步强化控股股东独立性的结论。

袁振超等（2014）以 2005—2012 年 A 股上市公司的业绩预告数据为研究对象，考察了不同所有权性质条件下代理成本对业绩预告信息精确度的影响，实证研究发现，代理成本越高，公司高管基于自身利益最大化考虑，业绩预告披露信息的精确度越低；与非国有企业相比，国有企业的第一类代理成本越高，其披露的业绩预告信息的精确度越差，研究结果证实了攫取假说。

李晶（2014）选择 2006—2012 年 A 股上市公司的 4 388 个观测值为样本，研究了公司内外部治理机制对业绩预告行为的影响。结果表明，分析师跟踪对公司业绩预告行为具有促进作用，缺少分析师监督，公司会推迟预告并倾向于预告"坏消息"；与国有企业相比，非国有企业进行业绩预告的意愿更强，并且倾向于预告"好消息"；股权制衡度越高，公司进行业绩预告的概率越小，因此，内外部治理机制影响着公司业绩预告行为。

徐高彦和王跃堂（2014）以 2003—2009 年 14 236 个业绩预告观测值为样本数据，研究资本市场业绩预告披露的及时性策略。实证结果表明，与坏消息相比，公司披露好消息的及时性更强，表述更清晰；规模小、非国有企业，机构投资者持股少、股权集中度低的公司更可能采用这种及时性策略。研究结论有利于资本市场中的投资者对业绩预告的信息含量和预期投资收益进行合理预测。

张馨艺（2015）选择 2001—2009 年我国 A 股上市公司的 2 033 个观测值为样本，研究公司治理特征对业绩预告信息披露准确度的影响。实证结果表明，相对于非国有企业，国有企业发布的业绩预告在及时性方面较为保守；机构投资者持股能够提高业绩预告的准确度。

路军（2016）运用 2004—2012 年的上市公司业绩预告数据，研究了公司董事的会计师事务所工作背景对业绩预告行为的影响。结果表明，公司董事的会计师事务所工作背景显著提高了自愿业绩预告的概率以及业绩预告的精确性和及时性。

在学习和借鉴国外研究文献的基础上，国内学者主要从董事会结构、股权集中度、高管权力、控股股东、代理成本、披露信息性质、业绩预告特征等方面开展研究，结合我国经济发展水平和国有股"一股独大"的制度背景进行深入分析，得出了许多符合我国实际、具有现实指导意义的创新性结论，深化了我国经济环境条件下公司治理因素对业绩预告行为影响的认知。其中，一些公司治理特征（产权属性、股权集中度、董事会结构、独董结构、监事规模等）作为继续研究的控制变量，为该领域的进一步探究奠定了基础。

（3）高管激励因素

公司高管激励机制、特别是股权激励影响业绩预告行为，主要有以下影响：一方面，高管会基于与股东之间的利益协同动机，避免公司股票价格被资本市场低估，提高业绩预告信息披露的质量和频率；另一方面，高管也会基于自利动机，对公司业绩预告信息进行操纵性披露，从而通过影响股票价格来谋求自身利益的最大化。Warfield 等（1995）基于委托代理理论研究发现，高管持股水平越高，公司信息披露中盈余信息含量越丰富，两者是正相关关系。Ruland 等（1990）、Marquardt 和 Wiedman（1998）的研究结果都显示，为了顺利发行新股，公司在新股发行前会显著增加盈利预测信息披露，充分满足资本市场的信息需求，降低资本市场的信息不对称，树立公司良好的市场形象，努力为新股的成功发行创造条件。Miller 和 Piotroski（2000）研究认为，如果公司的经营状况转好，高管持有股票期权将促使公司对外披露盈利预测信息。Aboody 和 Kasznik（2000）研究表明，高管股票行权对公司信息披露行为产生影响，他们会基于自利动机有选择性地安排披露信息性质和披露时间，在业绩预告发布日之前获得期权激励的高管更可能提前预告坏信息，延迟预告好信息，从而在激励实施日前，使公司股价因坏信息而下跌，取得期权的成本降低，而激励实施日后股价又因好信息而上涨，提升高管获得的期权激励价值。Nagar 等（2003）对股权激励降低信息披露中的代理问题进行了深入研究，发现 CEO 的股权价值和股权收益与公司信息披露水平（以盈利预测频率和分析师评级进行衡量）之间是正相关关系，CEO 的股权价值和股权收益越大，公司信息披露的频率越高，分析师对其信息披露的评级也越高。Rogers 和 Stocken（2005）研究发现，当资本市场对预告信息的真实性难以识别时，如果公司高管基于机会主义动机参与资本市场交易，此时，披露不真实预告信息的概率更大，信息质量更低；在认购期权前，高管基于自利原则会对预告信息披露行为进行操纵，当资本市场机制不健全时，这种操纵行为更甚。该研究是对 Aboody 和 Kasznik（2000）的研究的进一步补充和深化。Cheng 和 Lo（2006）的研究表明，当高管计划购买本公司股份时，他们会通过业绩预告信息披露行为来操纵股价，发布利空信息降低股票价格，从而使自己购买股票的成本降低；高管在出售股票时，由于内幕交易会导致相当高的诉讼风险，他们操纵业绩预告信息披露行为并不明显，而当诉讼风险足够低时，高管同样会进行机会主义的预告信息披露，以谋求自身利益的最大化。

高敬忠和王英允（2013）基于投资者决策有用观的分析视角，研究了高管激励约束机制（股权激励、期权激励、诉讼风险、财务风险、中介机构、治理机制）、业绩预告披露策略（精确性、及时性、倾向性）与经济后果（对投资者决策行为的影响）之间的关系，并构建了一个理论分析框架体系，运用规范研究方法对业绩预告的影响因素和经济后果进行深入分析，提出了相应的优化建议和措施。

高敬忠和周晓苏（2013）以 2004—2007 年 A 股上市公司的业绩预告数据

作为样本进行实证检验，研究结果表明，随着高管（或总经理）持股比例（或持股价值）的提高，业绩预告的精确性和及时性提高，预告偏差相对降低，倾向性趋于稳健；股权分置改革后，高管持股对公司业绩预告行为的激励效应进一步增强。研究结论证实股权激励能够在一定程度上缓解资本市场中的信息不对称，减轻信息披露中的委托代理问题。

马连福等（2013）以2004—2007年A股上市公司的913个业绩预告观测值作为研究对象，探讨了产品市场竞争、高管持股与公司业绩预告行为之间的关系。研究结果表明，高管持股会显著提高业绩预告收益型特征（准确性和及时性）的信息质量，降低业绩预告成本型特征（具体性）的信息质量；产品市场竞争加剧的条件下，高管持股对业绩预告收益型特征信息质量的影响没有显著变化，但会促使业绩预告成本型特征的信息质量降低。

高管激励效应作用于高管内在动机（协同动机和自利动机），影响其信息披露策略选择，从而对公司业绩预告行为产生影响。综观国内外研究高管激励效应的相关文献，主要是从股权激励（高管持股）、期权激励视角分析其对公司业绩预告行为的影响，得出的结论也不尽相同，既有激励效应也存在着抑制效应，但都较少涉及高管经验（年龄和任职年限）、产权性质、产品市场竞争的交互影响，更没有涉及高管薪酬激励（主要指货币薪酬激励）及实施股权激励计划（与高管持股不同的另一种股权激励形式）对业绩预告行为的影响，这将成为本书致力于进行开拓研究的主要内容。

2.3.2　业绩预告市场反应相关文献回顾

实证研究中通常采用事件研究法分析公司业绩预告行为的市场反应，其基本的逻辑思路是：如果公司披露的业绩预告信息确实能够影响投资者的决策行为，那么就可以从股票超额收益率的变化来分析资本市场中业绩预告的信息含量和市场反应。这也是证明业绩预告制度市场有效性和业绩预告信息价值性的重要途径。在资本市场中，如果某个特定信息能够引起股票价格和交易量的变动，则可以认为该信息是有效的，进一步讲，如果该信息引起股票价格和交易量的变动幅度越大，则可以认为该信息包含的信息量越丰富。

（1）国外研究文献回顾

Jaggi（1978）选择1971—1974年的盈利预测数据作为样本，实证检验了事件窗［-10，10］内的市场变化。研究发现，在事件日前后几天股票价格波动比较明显，表明公司发布的盈利预测信息能够被投资者正确地理解并运用于自己的投资决策行为，盈利预测具有显著的信息含量。Ajinkya 和 Gift（1984）

研究认为，管理层进行业绩预告的目的，是引导投资者对公司未来业绩的预期与管理层的预期业绩保持一致。Pownall 等（1993）对 1979—1987 年的盈利预测数据的实证分析，表明盈利预测具有信息含量，但其远远低于年度财务报告所包含的信息量；对中期业绩进行的盈利预测，其所包含的信息量要大于对年度业绩进行的盈利预测；就不同类型的盈利预测而言，其所包含的信息量之间的差别并不明显。Baginski 等（1993）对业绩预告精确性的市场反应进行了研究，结果表明业绩预告的精确性与资本市场的股价变动之间是正相关关系，精确性越高，信息含量越丰富，市场反应越强烈。Coller 和 Yohn（1997）研究表明，在公司业绩预告对外公告的 21 天左右的时间里，资本市场的股票价差明显降低，信息不对称程度明显得以缓解。Hutton 和 Stocken（2007）用公司过去的业绩预告次数和准确性来衡量业绩预告声誉机制，研究结果表明，当公司建立良好的声誉机制后，业绩预告披露的信息市场反应更强烈；公司经营业绩的市场反应很大程度上在预告日得以释放，更快地反映在股票价格中，在接下来的财务报告中的信息含量随之降低。Kothari 等（2007）对不同性质信息的市场反应进行了对比研究，发现公司高管基于机会主义动机会延迟披露坏信息，提前披露好信息，从而导致不同性质信息的市场反应存在着不对称。Ng 等（2013）研究认为，投资者对好信息反应不足，这与投资者对公司披露好信息的信心不足有关；如果预告形式上的精确性较高、具有良好的预告声誉机制、预告次数较多，那么投资者反应不足的状况将会得以改善。Kothari 等（2009）研究了不同信息性质条件下自愿性盈利预测的股市变动，实证结果发现，在事件日前后 5 日内，盈利预测披露的坏信息对资本市场的影响要大于好信息的影响，坏信息的市场反应更大。

（2）国内研究文献回顾

自我国的业绩预告制度实施以来，国内学者对业绩预告的市场反应也进行了深入研究，但与国外研究相比还处于起始阶段。薛爽（2001）选择 1998—1999 年 133 家发布预亏公告的上市公司作为研究样本，实证结果表明，上市公司预亏公告的市场反应明显，而在控制变量中，行业效应、上市地点、具体亏损原因、流通股比例等的市场影响并不显著。

杨朝军 等（2002）研究了我国 2001 年业绩预警公告对资本市场的影响，发现公告当天股票价格下跌明显，资本市场对预警公告信息反映灵敏，表明投资者能够对业绩预警公告信息进行理解和运用。

何德旭 等（2002）选择 2001 年 67 家公司的业绩预警公告数据为样本，实证研究发现，业绩预警公告具有显著的信息含量，对资本市场的影响比较明显，证明了我国建立业绩预警制度的有效性，进一步研究表明，业绩预警公告的市场反应具有反向走势特征，一定程度上反映了我国在信息披露中存在着严重的提前泄漏现象。

童驯（2003）对2001—2002年的年度业绩预告的市场反应进行了研究，发现业绩预告公告日前后的股票超额收益率变化比较明显，市场反应显著，同时，不同类型业绩预告对资本市场的影响存在差异。

蒋义宏等（2003）运用事件研究法对2001年的320家上市公司进行研究，结果发现，业绩预告类型的市场反应特征具有统计上的显著性和逻辑上的合理性，对于定性预告来说，虽然没有披露具体的业绩数据，但同样具有信息含量。

林江辉和陈汉文（2003）实证研究发现，业绩预告滤波效应对资本市场的影响是积极的，实现了政策制定的预期目的，业绩预告的发布会引起股票价格变动，但变动幅度已相对平缓。

宋璐和陈金贤（2004）研究表明，上市公司新的信息披露制度实施后，资本市场对业绩预告存在着提前反应现象，公告日及前后的累积超额收益率变化明显，市场反应显著，好信息会引起股票价格上涨，坏信息导致股票价格下跌，且坏信息的市场反应强度更大。

程亚琼和宋蔚（2005）对84家发布预亏公告的上市公司进行实证研究，发现预亏公告信息会引起股票价格下跌，但影响时间较短，如果公司业绩较差，预亏公告的市场反应强度更大。

杨德明和林斌（2006）以业绩预告为研究对象深入分析未预期盈余的市场反应，结果表明，年度业绩预告对股票市场的影响显著，但中性的业绩预告信息会带来负向的市场反应。这说明，按照随机游走模型对业绩预告未预期盈余进行计量存在着一定缺陷，同时，不同性质的预告信息对资本市场的影响显著不同，相对于好信息，坏信息的影响更为强烈。而张宗新和朱伟骅（2009）则认为，业绩预告具有显著的信息含量，但与其信息质量并没有必然的联系，信息含量丰富并不意味着信息质量就高，因为业绩预告行为受公司高管控制；信息披露机制的不健全容易引发信息提前泄漏，从而导致内幕交易行为发生，对于获取信息能力相对较差的中小投资者很不公平。

赵环（2011）选择2008—2009年A股上市公司的业绩预告数据，运用事件研究法，对业绩预告"变脸"日的市场反应进行了研究。实证结果发现，"变脸"日的股票市场价格发生了剧烈变动，市场反应强烈。业绩预告是否"变脸"与公司规模、行业效应、首次预告类型、非经常性损益等有关。业绩预告"变脸"扰乱了资本市场秩序，损害了中小投资者利益，需要通过业绩预告制度的逐步完善加以改进。

蔡宁（2012）选择2006—2009年的业绩预告数据和股份减持事件作为样本，研究了大股东的内幕交易现象。实证结果发现，在业绩预告"坏消息"披露之前，"好消息"披露之后，大股东多进行减持行为；业绩预告的利空程度越高，大股东在业绩预告之前减持的规模越大，业绩预告的利好程度越高，大股东在业绩预告之后减持的规模越大；当实际业绩与预告业绩之间的利空程度在业绩预告之前更大时，大股东会选择在业绩预告之前减持。

罗玫和宋云玲（2012）以2002—2008年的年度业绩预告和业绩修正公告为研究对象，考察了业绩预告修正行为对其可信度的影响。实证结果表明，业绩预告和业绩修正公告具有显著的信息含量，市场反应强烈；会计年度结束后的业绩预告相对于会计年度结束之前发布的业绩预告则更加可信；业绩预告的修正行为和修正历史对未来业绩预告的市场效应产生负面影响，降低了其市场可信度；业绩预告的修正次数越多、修正的时间间隔越短，业绩预告的可信度越低。本书结论揭示了实施强制性业绩预告制度对资本市场带来的负面效应。

冯旭南（2014）选择2007—2011年的业绩预告数据为研究对象，考察了我国投资者的信息获取能力问题。实证结果发现，在事件窗口［-4，0］，投资者的信息获取能力不断增强，在业绩预告发布日（事件日）达到最强；随着投资者信息获取能力的增强，股票市场的交易量明显增加，而业绩预告发布日的市场反应却较弱。

李欢和罗婷（2016）选择2003—2012年的A股上市公司管理层业绩预测（即业绩预告）和高管股票交易的数据，研究了管理层业绩预测中的机会主义行为。实证结果表明，当高管计划增持股票时，公司会通过发布更多的坏消息来降低股价；当高管计划减持时，公司会通过发布更多的好消息来抬高股价。高管的机会主义行为在高管亲属交易和公司信息不透明时更加明显。

罗玫和魏哲（2016）搜集2002—2011年A股上市公司发布的业绩预告修正公告的修正原因说明，研究了业绩修正原因是如何影响资本市场投资者对业绩预告的理解和判断的。结果发现，如果业绩修正原因为不可控的宏观原因、不可控的会计因素和会计记账错误，利好的业绩修正公告的市场反应更强烈，也能削弱利空消息的市场反应程度；如果是其他原因或公司不说明原因，市场反应会更加糟糕。

上述国内外研究文献表明，公司业绩预告行为能够引起资本市场股票价格的波动，具有显著的信息含量，从而为公司高管有效选择业绩预告披露策略提供了外部市场基础。伴随着我国业绩预告制度的变迁，国内学者针对预亏公告、预警公告、预增公告、修正公告等不同业绩预告类型，并结合不同信息性质、业绩预告"变脸"现象、内幕交易现象、投资者信息获取能力等方面进行深入研究，一定程度上验证了我国业绩预告制度的市场有效性，基本实现了证券监管机构制定业绩预告制度的初衷。深入分析上述文献后发现，大多是运用随机游走模型，通过设计业绩预告的前置比较变量——未预期盈余来研究其对资本市场的影响。这种方法有利于检验业绩预告行为与股票价格之间的单调性关系，但在计量上存在一定缺陷（杨德明和林斌，2006），鲜有研究涉及业绩预告行为本身的精确性、准确性（业绩预告的后置比较变量）、及时性等特征的市场反应，特别是在高管股权激励条件下，业绩预告行为的市场反应又会有哪些独特表现。这些问题也将构成本书主要的实证研究内容。

2.3.3　小结

综合上述业绩预告影响因素及其市场反应的相关研究文献，公司业绩预告行为受到多方面因素的影响，有公司特征因素、公司治理因素、高管激励因素等，从而形成多种业绩预告披露策略组合，为公司高管在合法合规条件下的自由选择提供了一定空间。公司业绩预告包含着丰富的信息含量，能够引起资本市场股票价格的变化，资本市场中的投资者能够捕获这些信息并进行适当的解读和运用，从而在一定程度上影响投资者的决策。对业绩预告影响因素及其市场反应方面的研究，国外主要以实证研究为主，相对来说更加深入和广泛，取得了丰富的研究成果。国内研究起步较晚，且主要以规范研究为主，近年来实证研究不断增多，主要集中在公司治理因素对业绩预告的影响及业绩预告的经济后果方面，得出了一些有实际指导意义的研究结论，深化了我们对我国特殊制度背景下公司业绩预告行为内在规律的认识。在国外，业绩预告实证研究主要是基于相对比较发达的资本市场环境进行的，有许多研究成果和方法值得我们学习和借鉴。在我国还不成熟的资本市场环境中，各种影响因素，特别是高管股权激励因素（高管持股和实施股权激励计划）如何影响公司业绩预告行为？在股权激励条件下，公司业绩预告行为的市场反应又会呈现出什么样的特征？这些问题构成了本书的主要实证研究内容，有待进一步深入分析。

3 制度背景分析

3.1 我国业绩预告制度变迁

3.1.1 我国业绩预告制度变迁过程

制度变迁是指用新制度修正或替代旧制度,以使制度更有效率的一个动态演化过程。制度变迁是一个缓慢的过程,遵循循序渐进的发展规律。

业绩预告制度是我国资本市场不断发展的产物,在资本市场中具有十分重要的作用,是对传统的以财务报告为核心的信息披露制度的有益补充和完善,有利于提高上市公司的信息透明度,便于投资者及时获得决策相关信息,有效缓解资本市场中的信息不对称,提前释放公司的经营业绩风险,防止财务报告公告日股票市场的剧烈波动,保护广大投资者特别是中小投资者的利益,优化市场资源配置,维护资本市场的健康稳定发展。我国业绩预告制度的建立是一个渐进演变、逐步完善的过程,大致可以分为如下几个阶段:空窗期(1998年以前),发展期(1998—2001年),成型期(2002—2006年),稳定期(2007年以后)。下面按照时间脉络对业绩预告制度的演变轨迹进行详细梳理。

我国的业绩预告制度实施较晚,1998年以前属于制度空窗期,在公司业绩预告方面没有任何规定和要求。1998年12月9日,中国证监会首次提出实施业绩预亏制度,在《关于做好上市公司1998年年度报告有关问题的通知》中规定:"如果上市公司发生可能导致连续三年亏损或当年重大亏损的情况,应当根据《股票发行与交易管理暂行条例》第六十条的规定,及时履行信息披露义务"。尽管该规定没有具体的披露时间和亏损数额等定量要求,只做定性的亏损与否披露,规定相对比较笼统,范围也仅限于亏损公司,既不全面也不完整,但仍然具有重大的历史意义,成为中国资本市场上业绩预告制度开始实施的标志性事件。

2000 年 12 月 18 日，上海和深圳证券交易所在《关于做好上市公司 2000 年年度报告工作的通知》中规定："在 2000 年会计年度结束后，如果上市公司预计可能发生亏损，应当在两个月内发布预亏公告，如果预计出现连续三年亏损，应当在两个月内发布三次预亏公告。"该通知首次对披露时间和披露次数提出了明确要求，业绩预告的范围进一步扩大到预计可能亏损的公司，并第一次规定了业绩快报的发布条件，如果公司经营业绩信息已经泄露，应当立即对外公告未经审计的业绩财务数据，从而使包括业绩预告和业绩快报的业绩预告制度真正在我国资本市场中建立起来。

2001 年 7 月 3 日，上海和深圳证券交易所在《关于做好 2001 年中期报告工作的通知》中规定："如果预计 2001 年中期将出现亏损或盈利水平出现大幅下降的，上市公司应当在 7 月 31 日前及时刊登预亏公告或业绩预警公告。"这一规定确立了间隔性的业绩预告方式，即半年度的中期报告也要进行预告，并首次对业绩预警做出了披露要求，从过去单的预亏公告发展到即要进行预亏公告又要进行预警公告，业绩预告类型增加。该通知中对预计连续三年亏损的公司不再要求发布三次预亏公告。

2001 年 12 月 19、20 日，深圳和上海证券交易所在《关于做好上市公司 2001 年年度报告工作的通知》中要求："在 2001 年会计年度结束后，如果上市公司预计可能发生亏损或者盈利水平较上年出现大幅变动的（利润总额增减 50% 以上），上市公司应当在年度结束后 30 个工作日内及时刊登预亏公告或业绩预警公告。"该通知首次对业绩大幅变动确定了数量标准（利润总额增减 50% 以上），并对业绩预增做出了披露要求，预计利润大幅度上升的公司也要进行业绩预告，以避免投资者丧失有利的投资机会而蒙受损失，有效保护投资者利益。业绩预告类型进一步增加，增加到预亏、预警和预增三种类型，基本包括了资本市场关注的业绩信息。

2002 年 3 月 27 日，上海和深圳证券交易所在《关于做好上市公司 2002 年第一季度报告工作的通知》中指出："上市公司预计 2002 年上半年度可能发生亏损或者盈利水平较去年同期大幅增长或下滑的，应当在第一季度报告中做出专门说明。"此规定要求在第一季度财务报告中披露公司中期的业绩变动情况，具有盈利预测的性质，有助于投资者及时了解公司的经营业绩状况，对业绩变动趋势进行合理预测和准确把握，提高公司的信息透明度和投资者的决策科学性，有利于资本市场的健康稳定发展。

2002 年 6 月 27 日，上海和深圳证券交易所发布的《关于做好 2002 年半年度报告工作的通知》中规定，对第三季度预计亏损或者净利润与上年同期相比增减 50% 以上的情形，应当在"管理层的讨论与分析"中予以警示。2002 年 9 月 28 日，证交所要求在第三季度财务报告中对全年的经营业绩变动趋势进行预告，正式确立了"前一季度预告下一季度业绩"的新规则，使得业绩预告既有预先披露性质，又有盈利预测性质，有助于投资者及时了解公司未来发展趋势，充分保证投资者的知情权，从而把业绩预告的作用提升到一个新的高度。业绩预告的间隔期缩短，从年度预告发展到对半年度和季度的业绩情况进行预告，其及时性和前瞻性大大增强。

2003 年 1 月 6 日，上海和深圳证券交易所制定并发布了业绩预告的修正规则："公司应在而未在 2002 年第三季度报告或临时报告中预计 2002 年全年亏损或者盈利大幅度变动的，或者实际情况与预计情况不符的，公司应当立即做出补充公告。"该规则确定了业绩预告的强制更正与更新条款，首次明确规定了上市公司应当立即进行补充公告的情形和原则，提高了信息披露的及时性和均衡性，但没有对补充公告的期限做出具体规定。

2004 年 12 月 10 日，上海和深圳证券交易所在《股票上市规则》中规定："上市公司在编制季度报告和半年度报告时，预计年初至下一报告期期末将出现净利润为负值或业绩与上年同期相比大幅变动（增减 50%）的情形，应当在本期定期报告中进行业绩预告。"这一规定强调了建立业绩预告制度的重要性，将业绩预告制度纳入股票上市规则之中。2004 年，深圳证券交易所在中小板企业中首推强制性业绩快报制度，要求在 2005 年 2 月 28 日之前披露业绩快报，如果业绩快报数据与实际数据差距在 10% 以上，还需要发布修正公告。这是我国信息披露实践过程中的制度创新，拓展了业绩预告的新形式。深圳证券交易所将加强监管，对违规行为严格处罚，并记入诚信档案。

2005 年 7 月 11 日，深圳证券交易所发布了《上市公司业绩预告、业绩快报披露工作指引》，规定了业绩预告、业绩快报和修正公告的直接责任人，明确要求上市公司及其董事、监事、高管应当对业绩预告披露信息的准确性负责；不得利用业绩预告信息误导投资者，从事内幕交易和市场操纵行为；对违规行为将给予通报批评或公开谴责，并记入诚信档案。

2005 年 12 月 29 日，上海和深圳证券交易所分别在《关于做好上市公司2005 年年度报告工作的通知》中规定："上市公司预计 2005 年度净利润为负值或者业绩与 2004 年度相比大幅度变动，但未在 2005 年第三季报中进行业绩预告，或者预计 2005 年度业绩与已披露的业绩预告差异较大的，应当及时披露业绩预告修正公告，但公告时间最迟不得晚于 2006 年 1 月 25 日。"这里的披露时间只是针对 2005 年当年的情形，这是一个特例。

2006 年 12 月 29 日，上海和深圳证券交易所在《关于做好上市公司 2006 年年度报告工作的通知》中规定："上市公司预计 2006 年净利润为负值，且未在 2006 年第三季度报告中对全年业绩进行预告，或者预计全年业绩完成情况与已披露的业绩预告差异较大的，应当及时披露业绩预告公告或业绩预告修正公告，公告的披露时间最迟不得晚于 2007 年 1 月 31 日。"自 2004 年首次提出、此处再次明确：年度业绩预告的披露时间为会计年度结束后的一个月内，即下一年度的 1 月 31 日之前。这一规定延续至今。

2006 年，深圳证券交易所发布《上市公司信息披露工作指引第 1 号——业绩预告和业绩快报》，对业绩预告修正公告提出了强制性要求，实际业绩与此前业绩预告的变动方向不一致或变动幅度超过 50%以上的，必须进行修正公告，并且明确要求以后年度（包括半年度、季度）业绩预告依照《股票上市规则》和《上市公司信息披露工作指引》的规定进行。

2007 年 2 月，中国证监会在《上市公司信息披露管理办法》中明确规定"上市公司预计经营业绩发生亏损或者发生大幅变动的，应当及时进行业绩预告"。这是在证监会发布的官方文件中首次正式使用"业绩预告"这个概念。

2013 年信息披露直通车正式实施后，上海证券交易所发布了《上海证券交易所信息披露业务手册》，其中对业绩预告进行了比较详细的规定。

总体而言，2007 年至今，证券交易所每年都会针对当年的年度或中期财务报告发布通知，对信息披露（包括财务报告和业绩预告）提出规范要求，但具体到业绩预告制度方面，其披露形式和实质内容并没有太大改变，鲜有新的规定出台。我国的业绩预告制度渐趋稳定，已经基本成型。

由此可见，经过多年的实践发展，历经多次修改、补充、深化，从不要求披露预告信息到要求进行预亏公告，发展到预警公告、预盈公告和预增公告，并且在定期财务报告中还增加了具有盈利预测性质的信息披露要求，业绩预告范围逐步扩展、指标渐趋稳定、及时性得以增强，业绩预告制度终于在我国确立起来。业绩预告制度并非单一的规章制度，而是由一系列文件构成的制度体系，仍处于不断发展完善之中。

3.1.2 我国业绩预告制度变迁特征

纵观我国业绩预告制度变迁过程，可以发现其呈现出逐步推进、分步实施、渐进性与稳健性相结合的鲜明特征。

（1）业绩预告披露模式是以强制性披露为主，自愿性披露为辅

根据规定，在本报告期内或会计年度结束后 1 个月内，如果上市公司预计会出现亏损、扭亏为盈、业绩增减变动 50% 以上等情况，必须进行业绩预告，这属于强制性规定。只有在特殊情况下（如比较基数较小），经审批后才可以豁免预告。现实中，存在着一些上市公司虽然并没有达到强制性披露要求，但也会出于多方面考虑，自愿对公司盈利变动趋势和发展前景进行定性和定量披露。这就形成了我国以强制性披露为主、自愿性披露为辅的业绩预告披露模式。

（2）在业绩预告制度的变革过程中，业绩报告制度始终贯彻先易后难、由点到面、循序渐进的原则

①预告类型的演变。业绩预告的覆盖面日益扩展，内容日趋丰富，其变化途径是：首推预亏公告，然后要求发布预警公告，接下来又实施预增公告和预盈公告。预告类型基本包括了资本市场中投资者所需要的业绩信息类型，并且各种类型之间的界限既具体又清晰，便于具体操作实施。

②预告间隔期的演变。业绩预告的间隔期不断缩短，预告次数逐渐增加，其演变的路径是：从年度预告到半年度预告和季度预告，再延伸到修正报告和业绩快报，逐步细化。业绩预告间隔期的缩短有利于投资者及时掌握公司经营业绩状况及发展趋势，决断盈亏方向，提高其投资决策行为的科学性；同时，有利于证券监管机构实施有效管理，防止内幕交易和股价操纵行为，有效阻止虚假信息扰乱市场秩序，对业绩出现异常的公司实施重点监控和持续监控，维护资本市场稳定。

③预告信息性质的演变。一般认为，公司管理者都不愿意对外披露"坏信息"，因此，最初的业绩预告主要是针对坏信息的预亏公告和预警公告。随着资本市场的发展和业绩预告制度的演变，又出现了针对好信息的预增公告和预盈公告，对所有的好信息和坏信息都要根据规定进行披露，以满足投资者的决策信息需求。

④预告标准的演变。为了使披露信息的相关性和可靠性更强，业绩预告信息的衡量标准也在不断精确化，从最初没有具体要求的定性标准发展到利润总额的定量标准，再到资本市场关注度更高的净利润标准，其决策有用性不断提高。

⑤预告时间的演变。业绩预告所要求的时间不断提前，及时性不断提高，

其变化的轨迹如下：从会计年度结束之后的两个月提前到 30 天，然后又对会计年度结束之前的业绩预告时间做出明确规定，如在 7 月 31 日之前进行中期业绩预告、在定期报告（季度报告和半年度报告）中需要对下一个报告期的业绩变化情况做出预告或专门说明等。提前进行业绩预告能够提高会计信息的时效性，有利于投资者及时掌握公司经营业绩信息，降低资本市场中的信息不对称，体现了证券监管机构制定业绩预告制度的宗旨。

⑥业绩预告载体的演变。业绩预告最初只有临时公告，2002 年增加了季度预告，2004 年又增加了半年度预告，最终形成了临时公告、季度预告和半年度预告并存的业绩预告披露体系，这对提升业绩预告信息质量，提高信息披露透明度，完善信息披露制度，缓解资本市场的信息不对称程度，保护中小投资者权益，促进资本市场的良性发展具有重要作用。

⑦业绩预告的豁免范围逐步细化。为体现信息披露的重要性原则，避免过度披露，对比较基数较小的公司豁免披露。豁免标准的变化：2001 年每股收益绝对值低于 0.05 元，2002 年中期每股收益的绝对值低于 0.03 元。2006 年的规定更加详细，包括三个方面：年度每股收益绝对值低于或等于 0.05 元；中期每股收益绝对值低于或等于 0.03 元；第三季度每股收益绝对值低于或等于 0.04 元。上述演变特征反映出我国业绩预告制度处于渐进变迁过程当中，从一个侧面反映了信息披露制度的不断完善和资本市场的不断发展。

（3）业绩预告相关法律制度虽然在逐步深化发展，但仍不健全

法律制度的缺失使得公司高管在进行业绩预告时有较大的自由操作空间，对信息披露相关当事人的正当权益保护力度不够。在我国的业绩预告制度中，对违反信息披露精确性、准确性、及时性等违规行为如何进行认定、法律责任如何划分、违法行为如何追究等问题，还没有相应的明确规定，严重影响了现实中的公司业绩预告行为和司法操作实践；对业绩预告违规行为的行政处罚手段相对欠缺、力度也相对不足，导致上市公司的业绩预告行为很不规范，违规行为频频发生。深圳证券交易所只有"通报批评或公开谴责，并记入诚信档案"的违规行为处罚规定，证监会还没有制定针对业绩预告违规行为的处罚措施。因此，我国业绩预告制度还需要随着社会经济和资本市场的发展进一步发展完善。

3.2　高管激励分析

随着公司治理机制的不断发展，股东基于自身利益最大化考虑对公司高管采取多样化的激励方式，逐渐形成了内部激励和外部激励、物质激励和非物质激励、短期激励和长期激励相结合的高管激励体系。高管激励体系是一系列激励类型、形式和方式的综合，实质上是一系列社会激励制度安排，目的是激励高管努力工作，充分发挥其内在潜能，为公司和社会创造更多财富。张涛（2000）把高管激励区分为内部激励和外部激励两种形式，内部激励主要包括名誉、成就感、社会地位、发展前景、职责等，内部激励是整个激励机制的基础。李垣和张完定（2002）、武冰和李倩（2003）等研究认为，高管激励可以区分为物质激励和非物质激励，物质激励包括薪酬、奖金、福利、股权、期权等，非物质激励包括获得尊重、声誉、控制权等，并且认为两者在一定程度上可以相互替代，非物质激励能够在一定程度上弥补物质激励的局限性。杨晓嘉（2004）针对独立董事的激励问题进行了研究，认为物质激励与非物质激励的有效安排能够提高工作效率。张勇（2004）研究认为，高管激励可以区分为短期激励和长期激励，短期激励主要是货币性薪酬激励，长期激励主要是股权激励，并且认为两者之间的优化组合可以促使高管规避短期行为。Baker 等（1988）从经济学、行为学和心理学等角度对激励理论、激励手段及激励效果进行了深入研究，认为对公司激励体系的深入研究对完善企业理论至关重要。Bebchuk 和 Fried（2003）研究了高管权力对薪酬激励效应的影响，认为随着高管权力的逐步增大，高管成为自身薪酬的制定者，从而旨在降低委托代理成本的公司薪酬激励机制反而成为高管寻租的工具。上述文献从不同角度对高管激励进行了阐述，总而言之，高管激励类型主要有股权激励、货币薪酬激励、控制权激励等。

3.2.1　股权激励

股权激励是通过高管持有本公司股权的形式使其享有相应的剩余收益索取权和股权增值收益，并承担相应的风险，从而把高管利益与股东利益和公司长远发展紧密联系起来的一种长期激励方式。有效的股权激励在一定程度上能够协调高管行为和公司发展目标的一致性，减少其机会主义行为，激励高管为了股东的利益努力工作，同时按照契约获得相应的报酬，有效缓解高管与股东之间的目标异向和利益冲突，降低信息不对称程度和委托代理成本，从而产生利益趋同效应。

股权激励源于发达资本主义国家美国，始于 20 世纪 40 年代，兴于 20 世纪 90 年代。到 20 世纪 90 年代末，美国有半数以上的公司采用长期股权激励方式，《财富》500 强公司中有 90%以上实施了股权激励计划，CEO 的收入结构中，股权收入远远超过货币薪酬，成为最重要的构成部分。Murphy（1999）研究发现，高管的股权收入比重到 20 世纪 90 年代中期已经达到 1/3。随后，股权激励在全球范围内迅速蔓延。我国上市公司最早是在 1999 年开始尝试运用股权激励方式对高管进行激励，武汉中百、上海金陵、天津泰达、联想等企业率先实施，引起了公司治理的深度变革。2005 年 12 月 31 日，中国证监会发布了《上市公司股权激励管理办法（试行）》，对股权激励计划的实施对象、股票来源、激励股票数量、业绩条件、股票禁售期、不同激励方式等内容进行了明确规定，鼓励上市公司对高管实施股权激励计划。股权激励制度在促进形成资本所有者和劳动者的利益共同体、调动公司高管及核心员工积极性、稳定员工队伍、完善公司治理机制等方面发挥了积极作用，但在实践中也暴露出诸多不足：事前备案影响激励效率；股权激励条件过于刚性；市场剧烈变化时，行权价格倒挂致使激励对象无法行权；股权激励规则体系不统一等。因此，结合实践发展及市场需求，2016 年 8 月 13 日，中国证监会制定并实施了《上市公司股权激励管理办法》（以下简称《激励办法》），放松管制、加强监管，逐步形成公司自主决定、市场约束有效的上市公司股权激励制度，推动我国公司治理机制逐步完善和资本市场规范健康发展。

（1）股权激励的分类及特征

在制度层面上，根据《激励办法》，我国上市公司实施股权激励计划主要有三种方式：限制性股票、股票期权和股票增值权。

①限制性股票。限制性股票一般是指将一定数量的公司股权无偿或者象征性收取费用后授予高管。在我国特指公司对达到规定业绩条件的高管授予一定数量的本公司股票，自授予日起，禁售期不得少于 12 个月。如果满足规定的业绩条件，限制性股票经分期解锁后就可以在资本市场中自由出售。《激励办法》详细规定了限制性股票的定义与权利限制、授予价格的定价要求、分期解除限售以及回购安排等。

②股票期权。股票期权是指公司与高管签订报酬合约时，授予其在未来一

定期限内按预先确定的条件和价格购买一定数量公司股票的权利，这种权利根据不同的情况可以行使也可以放弃。股票期权是高管的一种权利，而不是义务，具有无偿性，但这种权利的实施却要求高管支付相应对价才能获得公司股票，然后才有权在一定期限后出售赚取差价。股票期权的价值随着股价的上涨而增长，因此，股票期权被认为是激励高管创造价值并实现利益趋同效应的最佳手段。《激励办法》详细规定了股票期权的定义与权利限制、行权价格的定价要求、分期行权与终止行权等。

③股票增值权。股票增值权是指高管直接就公司股票增值部分获得一定报酬的权利，高管并不需要实际购买股票，是一种虚拟股权激励工具。高管的股票增值权收益由公司用现金或等价值的公司股票支付，其实质是公司奖金的延期支付。股票增值权不能转让，有效期一般为授予之日起 6~10 年。

不同的股权激励方式，高管的收益和风险各不相同。对于限制性股票激励方式，一般来说，需要高管付出一定资金成本预先购买公司股票，伴随股权转移，高管享有相应的表决权，而当股价下降时，高管需要承担相应的损失。对于股票期权激励方式，当股价上升时，高管会选择行权，以预先确定价格买进、市场价格卖出股票来赚取收益；当股价下降时，高管会选择放弃行权，避免承担股权贬值的风险。股票增值权与股票期权类似，都是针对未来风险收益的一种权利，其获利原理均是行权价格与市场价格之间的差价，都具有良好的长期激励效应，高管承担的风险较小。因此，不管何种方式，高管的收益和风险都与股票的市场表现有关，从而激励高管为提升公司股票的市场价值而努力工作。

（2）高管持股和实施股权激励计划之间的比较

在公司治理层面上，股权激励又可以分为两种形式：高管持股和实施股权激励计划，两者之间既有联系又有区别。

高管持股和实施股权激励计划虽然都属于长期股权激励，但两者之间存在着明显不同。与实施股权激励计划相比，高管持股具有累加性、自愿性、持续性等特点：高管持股中既可能包含高管所持原始股权和通过资本市场购买股权，又可能包含因为实施股权激励计划而持有股权，具有一定的累加性；股权激励计划作为一种重要的薪酬制度设计，具有一定的强制性要求，而高管持股中往往还包含自愿性股权；股权激励计划中的股权往往有一定的限售期，其激励效应具有时效性，而高管持股的激励效应则具有持续性。高管持股和实施股权激励计划的比较如表 3.1 所示。

表 3.1　高管持股和实施股权激励计划的比较

异同比较		高管持股	实施股权激励计划
不同点	理论基础不同	偏重委托代理理论	偏重人力资本理论①
	激励对象不同	公司高管	公司高管及其他关键人员
	股权获得方式不同	高管以各种形式持有本公司股权，主要是持有原始发起人股权、实施股权激励计划获得股权、从资本市场直接购买股权等	主要是激励对象在满足一定业绩条件的前提下获得购买公司股权的权利
	概念性质不同	偏重"存量"概念	偏重"增量"概念
	特征不同	累加性、自愿性、持续性	强制性、时效性
共同点		都属于长期股权激励，最终都包括持有公司股权的情形	

我国的《公司法》《证券法》、沪深交易所的上市规则等对高管持有本公司股份都有相应规定。根据《上市公司董事、监事和高级管理人员所持本公司股份及其变动管理规则》（证监公司字〔2007〕56 号）的规定，上市公司董事、监事和高级管理人员在下列期间不得买卖本公司股票：本公司股票上市交易之日起 1 年内；董事、监事和高级管理人员离职后半年内；上市公司定期报告公告前 30 日内；上市公司业绩预告、业绩快报公告前 10 日内。上市公司董事、监事和高级管理人员在任职期间，每年通过集中竞价、大宗交易、协议转让等方式转让的股份不得超过其所持本公司股份总数的25%。上述规定对高管持股的交易行为进行了限制，有利于资本市场的健康稳定发展。

（3）股权激励效应

在学术研究层面上，纵观国内外研究文献，对股权激励的研究主要基于两个视角：高管持股视角和实施股权激励计划视角。基于高管持股视角的研究文献梳理如下：Jensen 和 Meckling（1976）提出了公司产权结构、代理成本与公司价值理论，认为高管持股与公司价值正相关，当高管持有公司所有股权时，就不再存在代理成本，此时公司价值最大。Murphy（1985）对高管收入与公司绩效之间的关系进行研究之后认为，相对于货币薪酬的业绩敏感性，高管的股

---

① 人力资本理论（Schultz，1961）认为，人力资本是对人进行教育、培训、保健等投资支出的总和，表现为身体素质、知识经验、管理能力、劳动技能等精神存量的总和。人力资本能够创造价值和利润，具有稀缺性、独特性和不可替代性，因此，必须赋予激励对象与其人力资本价值相适应的企业剩余索取权，使他们能够以此获取资本性报酬。

权收益对公司绩效的敏感性更为显著。Stulz（1988）认为高管持股能够缓解委托方与代理方之间的利益冲突，降低委托代理成本。Morck 等（1988）研究表明，高管持股与公司价值之间呈非线性关系，当持股比例小于 5% 或大于 25% 时，高管持股具有激励效应，促使高管为了公司和股东利益而努力工作，有效降低代理成本，提高公司价值。Mehran Hamid（1995）实证结论表明，公司业绩与高管持股比例正相关，与股权收益在高管总收入中的比重正相关；股权激励对外部董事同样具有激励效应。韩亮亮等（2006）研究认为，高管持股与公司价值之间存在着区间效应，当持股比例小于 8% 或大于 25% 时，利益趋同效应占主导，高管持股具有正向价值激励效应。梅世强和位豪强（2014）通过对创业板上市公司的实证分析，发现高管持股比例低于 20% 或高于 50% 时，利益趋同效应大于壕沟防御效应。上述研究成果表明，在一定条件下，高管持股对公司高管具有正向激励效应，能够促进会计利润的增长和公司价值的提升。

基于实施股权激励计划视角的研究文献梳理如下：Yermack（1995）研究了股票期权的收益-业绩敏感性问题，发现当股东财富增长 1 000 美元，高管的股票期权收益平均增加 0.59 美元。Hall 和 Liebman（1998）研究证实，1980—1994 年 15 年间，实施股权激励的样本公司数量、股权收益在总收入中的比重和收益-业绩敏感性都呈逐年增长趋势，股东财富与高管股权收益之间显著正相关。Murphy（1999）研究认为，传统的货币薪酬属于短期激励方式，对超额业绩和较差业绩的激励效应并不理想，因此，具有良好激励效应的股权激励方式逐渐占据主导地位。Lazear（2004）、Kang（2006）等研究发现，实施股权激励计划能够促使公司高管选择盈利项目，从而对增加公司的会计利润和市场价值有利。罗富碧等（2008）发现我国上市公司实施股权激励计划与公司投资之间存在着相互影响的内在关系。吕长江等（2009）研究发现，我国上市公司实施股权激励计划既有激励效应，又有福利效应。吕长江和张海平（2011）以 2006—2009 年推出股权激励计划的公司为样本，研究分析了实施股权激励计划对公司投资行为的影响，我国的股权激励制度有助于缓解高管和股东之间的利益冲突，通过抑制公司非效率投资的路径间接实现了降低代理成本的目的。宗文龙等（2013）发现，在控制相关变量的前提下，实施股权激励计划降低了公司高管更替的频率；不同的股权激励方式（股票期权和限制性股票）对公司高管更替的影响没有显著差异。上述研究成果表明，实施股权激励计划对公司高管具有正向激励效应，促进了经济效益的提高和公司价值的提升。

根据上述分析，我们拟从以下两个视角研究股权激励对公司业绩预告行为的影响（进一步的理论分析放在之后的实证研究中进行）：第一，高管持股对公司业绩预告行为的影响；第二，实施股权激励计划对公司业绩预告行为的影响。

3.2.2　货币薪酬激励

货币薪酬主要指现金薪酬，包括工资薪金、奖金和津贴等，是最普通的激励方式。工资薪金是高管的固定性劳动回报，是维持其生活所需的开支；奖金是根据高管的工作绩效支付的奖励性报酬。货币薪酬激励针对高管的基本生活收入，具有直接性、及时性、易于接受等特点。Murphy（1985）研究表明，高管货币薪酬与公司绩效和股东回报率是正相关关系，公司绩效和股东回报率增长，高管货币薪酬随之增长。Jensen 和 Murphy（1990a）研究发现，股东财富每增长 1 000 美元，CEO 的平均薪酬将会增长 7.3 美分，两者之间显著正相关。周兆生（2003）对我国上市公司研究发现，企业经济增加值每增加 100 万元，总经理年薪平均增加 83.17 元，高管薪酬与企业绩效显著正相关。随着经济社会发展和相关研究的持续深入，一些学者提出了相反的观点。Edward Deci（1972）研究认为，货币薪酬抵减了人们从工作中获得的内在满足感，结果对人们积极性的提高反而起到抑制作用。Slater Philip（1980）、Kohn Alfie（1988）等指出，使用货币薪酬作为激励手段，结果导致生产效率降低和产品质量下降。上述研究成果表明，货币薪酬对公司业绩和价值既可能产生激励效应，也可能产生抑制效应，货币薪酬和公司价值之间并非一种线性关系，而是存在着区间效应。

货币薪酬属于短期激励方式，其短期激励效应比较明显，在美国等西方发达国家，货币薪酬只占到公司高管总收入的 20% 左右，股权激励占有较大比重，货币薪酬的激励效应日渐递减。在我国，改革开放以来，薪酬制度改革的重点是打破平均主义，实行按劳分配、多劳多得的分配原则，将薪酬与经营绩效挂钩，充分调动劳动者的积极性。经过多年的探索改革，国家陆续颁布实施了一系列规章制度，对薪酬的形式、数额、标准、披露等做出了详细的规定，逐步建立了由市场机制主导、以效率优先、兼顾公平为目标的薪酬制度体系，薪酬的正向激励效应得以逐步释放，从而激励公司高管及员工更加努力工作，不断提升公司价值。

锦标赛理论运用博弈论对薪酬差距现象进行了深入的研究，公司内部的晋升和奖励被看作是"不断取得胜利"的锦标赛，获胜者将得到更高的职业晋升和奖金报酬，这样，"获胜者"与"失败者"之间薪酬差距的激励效应就产生了；每个人的薪酬高低依据的是其边际贡献的排列顺序，而与边际贡献绝对数量无关，普通员工只有通过努力工作，才能晋升为较高级别的员工并获取超额奖金，同样，较低级别的管理者必须加倍努力才能获得更高的职位和薪酬，高级别的管理者也具有继续前行的动力而不至于停滞不前；随着公司不断发展和监管难度的增大，加大高管内部的薪酬差距，将会降低股东与高管之间的监控成本和代理成本，为促使股东和高管之间的利益一致性提供强激励，从而提高公司绩效和公司价值。Lazear 和 Rosen（1981）研究认为，无论对风险中性型高管还是对风险规避型高管来说，锦标赛制度都能够提供较好的激励效应，既降低风险成本，又强化激励约束，促进公司资源的优化配置。Malcomson（1984）研究表明，基于锦标赛制度制定的薪酬合约是解决委托代理关系中道德风险的有效办法。Milkovich 和 Newman（1996）认为，内部薪酬差距越小，激励效应越小，越不利于员工专业能力的发挥。Milgrom 和 Roberts（1992）研究表明，内部薪酬差距具有正向的激励效应，薪酬差距越大，激励强度越大，越能吸引到市场中的优秀人才。

基于上述公司高管薪酬激励分析，依据锦标赛理论，我们提出本书的第三个研究视角：薪酬激励①对公司业绩预告行为的影响。

需要说明的是，高管激励中的长期股权激励和短期薪酬激励具有不同的风险特质，对高管的风险偏好和决策行为具有各自独特的影响力，但是在实际中，公司在实施股权激励的同时，薪酬激励也发挥着对高管的激励效应，两者紧密相连，因此，我们并未单独研究薪酬激励对公司业绩预告行为的影响，而是置于股权激励视角下研究股权激励与薪酬激励对公司业绩预告行为的共同影响。本书站在更高的角度用基于货币薪酬计算的内部薪酬差距来衡量薪酬激励，内部薪酬差距作为一种重要的货币薪酬制度设计，是高管激励的重要显性激励形式，可细分为高管与员工之间的薪酬差距和高管内部薪酬差距。

3.2.3　控制权激励

控制权主要是指高管在公司中占据重要职位，该职位给予其相应的管理决策权。高管拥有一定控制权，既可以满足自己内在的权力需要，又能够获得额外的物质利益，因此，控制权激励也是高管激励的重要方式。周其仁（1997）、

---

① 本书中涉及的"薪酬"概念侧重于货币薪酬，因此，薪酬激励主要指的是货币薪酬激励，与股权激励相对应。

张维迎（1998）、黄群慧（2000）等将控制权纳入高管激励的研究模型中，结果表明，控制权具有激励效应。

（1）控制权激励中的在职消费效应

在职消费也称职务消费，是公司高管在职务活动中发生的、应由公司承担的那部分支出。在职消费是在公司激励约束机制无效的情况下，出现的一种畸形激励方式。Jensen 和 Meckling（1976）认为，在一定条件下，高管倾向于通过增加其非货币性福利来实现自身效用最大化。Fama（1980）构建的工资调整理论模型表明，在职消费能够激励高管努力工作，对提升公司价值有利。Rajan 和 Wulf（2006）认为，在职消费能够提高高管的工作效率。梁彤缨等（2012）研究表明，考虑终极控制链的影响，在职消费与公司业绩显著正相关。综合上述文献分析，在职消费具有一定的激励效应，能够增加公司的会计业绩和市场价值。

（2）控制权激励中的职务晋升效应

职务晋升激励效应主要来源于两个方面：一方面，在一个制度完善、公平竞争的环境中，晋升到更高级别职位意味着将获得更高的报酬，一定程度上满足了高管实现自我价值和追求物质利益的需要，激励高管充分发挥自身的积极性、主动性和创造性，为提升公司价值和增加股东财富而努力工作，并力争做得比他人更为出色。Lazear 和 Rosen（1981）建立了锦标赛研究模型，结果证实，风险规避型高管更倾向于晋升比赛，但对于晋升无望的人来说缺乏激励效应。另一方面，在晋升到更高级别职位以后，高管必须致力于完成相应目标、任务及绩效考核指标，如果工作不力，将面临被解职的威胁，同时，来自潜在竞争对手的压力迫使其不得不继续前行，一旦停滞，将会有被替代的风险，因此，更高职位有更高激励，高管必须更加努力工作。

Baker 等（1988）研究认为，通常情况下，职务晋升被看作是组织内部最主要的激励方式，其激励效应比货币薪酬的激励效应更显著，且成本更低。Gibbs（1991）研究表明，职务晋升之所以对"胜利者"产生激励效应，是因为不同职位的边际产出不同，"胜利者"所处职位能够提供更大的边际产出，从而能够获得更高的边际报酬。

在公司治理中，控制权问题并非普遍现象，只是在我国国有企业中尤为突出。在我国特有的制度背景下，国有企业产权权益由政府部门及其授权单位行使，这种产权虚置状态导致高管的风险和责任不匹配，控制权滥用现象比较严重，因此，就我国的现实情况而言，对控制权约束的意义远远大于其激励效应。基于上述分析，本书暂不研究控制权激励对公司业绩预告行为的影响，而是作为未来一个可能的研究方向。

3.2.4 小结

综合上述分析，现有研究认为，股权激励（高管持股和实施股权激励计划）、货币薪酬激励（工资薪金、奖金和津贴等）、控制权激励（在职消费、职务晋升等）虽然都能在一定程度上对高管产生激励效应，但在实践中分别具有不同的激励特质，各自对高管决策动机和行为产生独特的影响力。因此，根据高管激励的三种类型：股权激励、货币薪酬激励、控制权激励，我们提出了多个研究视角，从不同角度分析高管股权激励对公司业绩预告行为的影响，详见图3.1。

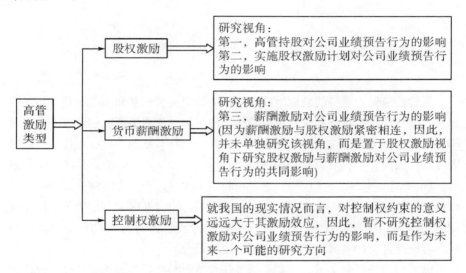

图 3.1　高管激励类型及研究视角

4 高管持股对公司业绩预告行为的影响

4.1 引言

高管持股作为重要的股权激励方式，能够把高管利益和股东利益有机结合起来，是有效缓解高管和股东之间委托代理问题的重要手段，已经在实践中被广泛采用。与实施股权激励计划相比，高管持股具有累加性、自愿性、持续性等特点。国内外学者对高管持股现象进行了深入研究，取得了丰富的研究成果。Jensen 和 Meckling（1976）、Murphy（1985）、Stulz（1988）、Morck 等（1988）、Hamid（1995），以及国内学者韩亮亮等（2006）、梅世强和位豪强（2014）等研究表明，在一定条件下，高管持股对公司高管具有正向激励效应，能够促进会计利润的提高和公司价值的提升。

纵观国内外研究文献，主要是围绕高管持股对高管努力程度和公司价值的影响关系展开研究，鲜有将高管持股的激励效应研究延伸至公司信息披露领域，特别是公司业绩预告领域。业绩预告是指在定期财务报告正式对外公告之前，公司高管以预测数据方式披露的预计盈利信息，为股东和市场提供及时有效的决策信息，有利于提高公司信息披露透明度，降低信息不对称程度，提前释放经营业绩风险，避免股价较大波动，保护股东利益，是公司信息披露制度的重要组成部分。那么，在一定条件下具有正向激励效应的高管持股对公司业绩预告行为有影响吗？这种影响是促进作用还是抑制作用？业绩预告行为背后的高管信息披露动机又是什么？在现有文献中，直接研究高管持股对公司业绩预告行为影响的文献并不多，本章欲在此方面进行尝试，把公司业绩预告行为细化为自愿业绩预告和业绩预告特征两部分，并且运用"三性"（精确性、准确性、及时性）来刻画公司业绩预告特征，深入研究高管持股对公司业绩预告行为的影响，辅之以高管经验、产权性质、产品市场竞争、高管权力、薪酬激励、信息性质等密切相关变量，构筑了一个相对比较完备的研究体系，以期为上市公司强化管理和证券监管机构加强监管提供有益参考。

本章选择 2006—2015 年沪、深两市 A 股公司的年度数据作为样本，以高管持股作为高管股权激励的替代变量，研究分析高管持股对公司业绩预告行为的影响，并进一步深入探究与高管持股存在密切联系的高管经验、产权性质、产品市场竞争、高管权力、薪酬激励、信息性质等在其中所起的作用。通过理论分析和实证检验，我们发现，高管持股对公司业绩预告行为具有激励效应；不同辅助变量对高管持股激励效应的影响呈现出不同的特点，验证了"高层梯队理论""产权理论""现代竞争理论"和"高管权力理论"在我国上市公司业绩预告实践中具有独特表现。

本章的研究意义有以下几点：首先，把高管激励细化为高管持股激励形式，把公司信息披露细化为业绩预告披露形式，在研究高管持股对公司业绩预告行为影响的基础上，进一步研究高管经验、产权性质、产品市场竞争、高管权力、薪酬激励、信息性质等对高管持股激励效应的影响，深化了该领域的研究。其次，本章的研究基于高管股权激励理论，深入研究了"高层梯队理论""产权理论""现代竞争理论"和"高管权力理论"在我国上市公司业绩预告实践中的具体体现，有助于加深对我国特殊制度背景下公司治理机制和信息传导机制的认识，对研究高管股权激励效应的文献是有益的补充。最后，本章的研究结论表明，高管持股对公司业绩预告行为具有激励效应，不同辅助变量对高管持股激励效应的影响呈现出不同的特点，从而为公司强化内部管理以及证券监管机构完善监管措施提供政策参考。

本章的结构安排如下：第二部分进行理论分析，提出研究假设。第三部分进行研究设计，包括样本选择和数据来源、变量定义和模型设计。第四部分是实证研究，包括描述性统计分析、回归分析。第五部分进行稳健性检验。第六部分得出本章的研究结论。

4.2 理论分析和研究假设

4.2.1 高管持股与公司业绩预告行为

根据委托代理理论（Jensen & Meckling, 1976; Grossman & Hart, 1982; Fama & Jenson, 1983; Jensen, 1986），股东与高管的效用函数存在差异，各自

致力于自我效用的最大化，股东追求自身财富的最大化，而高管追求报酬、在职消费和闲暇时间的最大化，这必然导致两者之间的利益冲突，在缺乏有效制度约束的条件下高管的行为很可能会损害股东利益，从而产生委托代理问题。具体到公司的信息披露层面上，高管天然具有信息优势，股东处于信息劣势地位，两者之间存在着信息不对称。在对外进行信息披露时，高管会基于对风险与收益、个人利益与股东利益的权衡考虑进行选择性披露，充分披露有利的好信息，粉饰和掩盖不利的坏信息，与股东的信息需求之间产生代理冲突。

解决委托代理问题的最有效手段就是实施股权激励。高管持股作为一种重要的长期股权激励方式，是现代公司治理机制下解决高管与股东之间委托代理问题的重要途径，其最大优势在于通过制定严格、完善的契约，使高管持有本公司一定股权，高管的身份得以转化，高管拥有管理者和股东的双重身份，这样就把管理者利益与股东利益紧密地联系了起来，激励高管为了自己和股东利益努力工作，有效缓解高管与股东之间的目标异向和利益冲突，降低信息不对称程度和委托代理成本，从而产生利益趋同效应和高管协同动机。李维安和李汉军（2006）研究认为，高管持股能够使高管和股东之间拥有更多的共同利益，是将高管个人利益与股东利益绑定的有效手段。

管家理论和利益趋同假说为利益趋同效应和高管协同动机提供了很好的解释，根据管家理论（Donaldson & Davis, 1990），高管是为公司和股东利益服务的利他主义者，其行为受社会动机和成就动机的驱动，具有集体主义倾向，高管希望通过工作业绩展示自己的才能，获得他人、社会的认可和尊重，这种对实现个人价值的追求已经超越了"经济人"的假设，高管将个人的名誉与公司的发展融合起来，认识到自身利益与公司和股东利益是紧密相连的，为了实现公司的发展目标，高管甚至可以牺牲个人利益。利益趋同假说（Jensen & Meckling, 1976）认为，随着持股比例的增加，高管利益与股东利益会趋于一致，高管行为偏离股东利益最大化的倾向就会减轻，委托代理问题将会得以缓解。

相对于短期薪酬激励，高管持股属于一种长期股权激励形式，因此，在高管持股激励条件下，利益趋同效应和高管协同动机主要体现为基于资本市场股票价值的高管利益与股东利益的一致性。高管控制着公司会计信息的披露行为，基于利益趋同效应和高管协同动机，高管持股将高管激励与公司的信息披露行为联系了起来，使得高管能够直接享受信息披露带来的股价上升、资本成本下降等收益，又会进一步激励其采取积极的信息披露策略。同时，为了消除潜在股东对公司披露信息可信度的质疑，在资本市场筹集更多资金，避免因信息披露问题可能面临的诉讼，高管有动机进行积极披露。业绩预告属于重要的预测性会计信息，如果公司股价被市场低估，促使高管通过积极披露来提升股价；如果公司股价被高估，随后不久发布的财务报告信息则会把股价拉回到真实水平，可能造成股价短期内的巨大波动，因此，高管仍存在着积极披露的动机，通过业绩预告信息逐步释放风险来平滑股价以避免"巨震"。高管控制着公司业绩预告的信息质量和行为选择，业绩预告信息对股东的决策有用性越强，越能树立公司诚实守信、求真务实的市场信誉，向信息使用者传递积极信号，有利于相关利益各方对公司价值的正确评判，促进公司股价的积极反映。高敬忠和周晓苏（2013）研究发现，随着高管持股比例和持股价值的提高，其选择披露方式的精确性和及时性也随之提高，并更趋于稳健，一定程度上能够减轻自愿性披露中的代理问题。

上述分析过程可图示如下（见图4.1）：

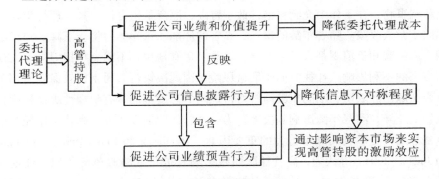

图 4.1　理论分析框架

根据上述理论分析和文献回顾，我们预期，高管持股将会对公司业绩预告行为产生影响，并且这种影响将是一种具有促进作用的积极影响，高管持股对公司业绩预告行为具有激励效应，从而降低高管和股东之间的信息不对称，在一定程度上缓解信息披露中的代理问题。

本书把公司业绩预告行为具体化为自愿业绩预告和业绩预告特征，又进一步把业绩预告特征区分为信息特征和行为特征，业绩预告信息特征包括精确性和准确性两部分，业绩预告行为特征主要指的是及时性。基于上述分析，我们提出第一个研究假设。

研究假设 H1a：高管持股对自愿业绩预告具有激励效应，能够促进公司自愿进行业绩预告行为。

研究假设 H1b：高管持股对业绩预告特征具有激励效应，业绩预告信息的决策有用性增强，从而体现为高管协同动机。

4.2.2　高管经验、高管持股与公司业绩预告行为

　　根据"高层梯队理论"（Hambrick & Mason，1984），高管内在认知、情感、价值观等心理因素影响其决策行为，由于内在心理因素存在局限性，高管不可能进行完全理性决策，只能是有限理性决策，进而影响公司经营管理、绩效水平及未来发展。由于高管内在心理因素难以观测和衡量，所以，一般情况下是通过研究内在心理因素的外化背景特征（性别、学历、年龄和任职期限等）来研究高管内在心理因素对其决策行为的影响。Black 等（2014）认为，在高管背景特征中，与高管经验密切相关的主要特征有两个：年龄和任职期限。高管年龄代表着高管的人生经历，可以衡量其风险偏好和理性程度。Hambrick 和 Mason（1984）认为，年轻的高管，精力充沛，思维活跃，容易接受新鲜事物，在工作中充满自信，敢于冒险，愿意承担责任，其管理行为往往倾向于激进决策。随着年龄的增长，高管的体能、认知能力将会下降，知识结构、人生观和价值观都会发生变化，注重名望和地位，不愿意承担因决策失误而带来的不利影响，往往倾向于回避风险，因此决策行为通常比较保守。相关研究文献已经表明，不同年龄高管对待风险的态度不同，有限理性决策程度存在较大差异，高管年龄影响其决策行为。高管任职期限代表着高管工作经验的丰富程度，是影响其决策行为的重要因素。Hambrick 和 Cho（1996）、Elenkov 和 Judge（2005）等认为，高管任职期限影响其进行战略改革的意愿，任期短的高管富于改革创新，任期长的高管倾向于保持稳定和持续发展。Miller（1991）、Fraser 和 Greene（2006）等研究发现，高管任职期限越长，对公司的生产经营情况越熟悉，越能处理好管理工作中遇到的老问题和新情况，管理经验进一步丰富，管理能力和管理水平进一步提高，其决策失误的概率就会大大降低。可见，高管经验（年龄和任职期限）影响其决策行为，进而可能影响公司信息披露行为。

　　Prendergast 和 Stole（1996）研究表明，高管行为会受到其在某个特定公司任职期限的影响，随着任职期限的延长，高管任职经验越来越丰富，他们会更加熟悉如何通过积极调整信息披露策略来满足投资者的预期和需求。Bertrand 和 Schoar（2003）研究也认为，年龄较大的高管可能会做出更加保守的决策。Huang 等（2013）研究发现，投资者已经预料到年长高管的自利动机和短期目标问题，所以会要求一个较高的投资收益率。Black 等（2014）研究认为，高管行为会受其年龄和任职期限的影响，与年轻高管相比，接近退休的年长高管可能会有更短的目标视野和发展规划；高管年龄越大，特别是接近退休的高

管，进行自愿性信息披露的概率越小，而一旦要对外披露信息，他们很可能会进行盈余管理，这与其追求短期目标的机会主义动机一致；进一步研究高管经验与高管激励的交互影响后发现，高管年龄和任职期限并不影响高管股权激励对公司信息披露行为的效应，高管经验的间接效应并不显著。

"高层梯队理论"是基于西方发达的资本市场提出来的，是否适用于我国的公司业绩预告行为还有待于进一步的实证检验。我们认为，相对于西方完善的资本市场机制，我国当前的法制环境和信息披露机制可能会影响到"高层梯队理论"在上市公司业绩预告实践中的适用性。由上述文献可以看出，高管经验对公司信息披露行为具有直接影响，年龄和任职期限的影响方向可能不同，高管年龄具有抑制作用，任职期限的作用则可能相反，同时，高管经验通过股权激励的间接效应并不明显。基于此，我们预期高管经验会直接影响公司业绩预告行为，但与高管持股的交互效应可能并不显著。因此，借鉴 Black 等（2014）的研究方法，我们提出第二个研究假设。

研究假设 H2a：高管经验并不影响高管持股对自愿业绩预告的激励效应，但其直接效应明显且高管年龄和任职期限影响方向可能不同。

研究假设 H2b：高管经验并不影响高管持股对业绩预告特征的激励效应，但其直接效应明显且高管年龄和任职期限影响方向可能不同。

4.2.3 产权性质、高管持股与公司业绩预告行为

产权理论认为，产权制度是市场经济和公司治理机制的基石，产权性质决定公司内在的委托代理关系及相应的激励约束机制，进而影响公司经营业绩和信息披露行为。在我国特殊的制度背景下，按照产权性质主要分为国有产权和非国有产权，国有产权居于主体地位，且我国的经理人市场尚不成熟，这必然会影响到高管持股的激励效应。

就政策层面而言，国有公司股权激励受到严格的政策限制：在审批程序上，需要经过国资委、证监会、财政部等部门的一致同意才能推行，审批程序复杂，从而制约了股权激励方案的及时实施；在激励程度上，将高管股权激励预期收益水平控制在其薪酬总水平的30%以内，难以充分激发高管的内在潜能；在考核指标上，限定在所有收益指标、成长指标和收益质量指标中进行选择，业绩目标水平应不低于公司近3年平均业绩水平及同行业平均业绩水平，难以激励高管实现最优的绩效目标。国有公司股权激励的这种强行限制，无疑违背了股权激励方案设计的初衷，从而在一定程度上抑制了股权激励效应的充分发挥。对于非国有公司股权激励来说，证券监管机构单一，只要通过证监会

的审批就可以实施股权激励方案，在激励程度和考核指标上都没有任何限制，因此更加符合现代企业制度的内在要求，能够根据实际需要优化激励方案和效果，充分激发高管的潜在能力。

就高管自身利益而言，国有公司高管的选任方式主要由政府任命，代表政府管理企业，其行为指向是履行一定的社会公益和政治职能，完成政府的目标和意志。如果高管持有本公司股份较少，可能会导致高管注重短期利益的机会主义行为，亦或使高管致力于谋求政治前途而忽视经济发展，公司股权激励目标可能就难以实现，高管持股的激励效应受到抑制难以充分发挥。具体到业绩预告方面，相对于非国有公司，国有公司的产权属性可能会抑制高管持股对公司业绩预告行为的激励效应。

现有文献也对此进行了深入研究。辛宇和吕长江（2012）通过对泸州老窖的股权激励进行分析后发现，国有公司的股权激励兼具激励、福利和奖励三重性质，无法发挥其应有的激励效果。程柯和孙慧（2012）选择2007—2010年983家非金融类公司为样本，运用随机前沿模型深入研究了产权性质、高管持股与代理效率之间的关系，结果表明，相比较而言，非国有公司高管持股体现出更强的利益协同效应，国有公司高管持股体现出更多的壕沟效应。邵帅等（2014）选择上海家化为研究对象深入研究产权性质对股权激励的影响，结果表明，国有公司股权激励受到较多的政策限制，导致激励效果不佳，股权激励设计倾向于福利型；相反，非国有公司股权激励方案设计更加合理，激励效果更好。

基于上述理论和文献分析，我们提出如下研究假设：相对于非国有产权，国有产权抑制了高管持股对公司业绩预告行为的激励效应，具体又分为以下两个子假设：

研究假设 H3a：相对于非国有产权，国有产权抑制了高管持股对自愿业绩预告的激励效应。

研究假设 H3b：相对于非国有产权，国有产权抑制了高管持股对业绩预告特征的激励效应，

4.2.4 产品市场竞争、高管持股与公司业绩预告行为

现代竞争理论认为，随着产品市场竞争力度的加大，公司的利润空间将会缩小，促使公司去开拓新的利润增长点，内部募资能力的下降和外部募资需求的增长迫使公司高管采取积极的信息披露策略，努力缓解与投资者之间的信息不对称问题，树立公司良好的市场形象和准确的市场定价，从而能够以较低成

本从资本市场募集到所需资金。在激烈的产品市场竞争条件下，公司的经营风险逐步增大，经营失败将会严重损害高管的切身利益，包括高管持股条件下的股东收益、声誉损失、替代风险等，因此，在产品市场竞争和股权激励的双重作用下，将会促使高管更加严格约束自身的机会主义行为，致力于公司的长远战略和持续发展，进而采取更加积极的信息披露策略。

Holmstrom（1982）研究认为，市场竞争越激烈，公司高管越需要保持与市场之间的良性互动，及时对外提供公司经营业绩信息，因此，市场竞争能够激励高管的积极行为。Baggs 和 De Bettignies（2007）研究认为，产品市场竞争与管理层激励之间是正相关关系，产品市场竞争程度的增强有利于降低股东与管理层之间的委托代理成本。谭云清等（2008）实证研究认为，产品市场竞争与高管激励之间存在着互补效应，产品市场竞争越激烈，高管激励对公司经营绩效的激励效应越好。杨华荣等（2008）通过对 Verrechia 模型进行修正并经实证检验后发现，产品市场竞争同自愿性披露临界水平呈负相关关系，同披露概率呈正相关关系。王雄元和刘焱（2008）通过对不同竞争程度行业及同一行业不同竞争态势公司的信息披露质量进行实证检验后认为，适度竞争有利于提高信息披露质量；行业竞争程度越强，信息披露质量越高；在竞争程度较高的行业，处于竞争劣势的公司更有动机提高信息披露质量。伊志宏等（2010）选择深交所 2003—2005 年观测数据作为样本，实证研究后发现，产品市场竞争能有效提高公司信息披露质量；产品市场竞争和高管激励对信息披露质量产生了互补作用。王凤华（2010）经过理论分析和实证检验后认为，产品市场竞争能够直接提高盈余信息透明度，同时，还将通过对公司治理（高管激励）的影响间接提高盈余信息透明度。马连福等（2013）依据成本-收益原则将公司业绩预告特征划分为收益型和成本型两种类型，运用 2004—2007 年中国 A 股上市公司数据考察了产品市场竞争、高管持股与公司业绩预告之间的关系，实证结果表明，高管持股能够提高业绩预告收益型特征质量，但会降低成本型特征质量；激烈的产品市场竞争条件下，高管持股公司的成本型特征质量会显著下降。

上述研究成果表明，产品市场竞争和高管激励对公司信息披露行为具有积极影响，在一定程度上能够缓解资本市场中的信息不对称。纵观上述文献，主要是围绕产品市场竞争和高管激励对信息披露整体状况的影响展开研究，尽管马连福等（2013）将此方面研究拓展至公司业绩预告领域，但采用样本数据的年度又比较早，研究结论可能仅反映了当时的业绩预告实践。业绩预告是公司信息披露制度的重要组成部分，因此，我们预计，产品市场竞争可能会影响高管持股对公司业绩预告行为的激励效应，并且这种影响将是一种积极影响，能缓解信息披露中的信息不对称和代理问题。

基于上述分析，我们提出如下假设：

研究假设 H4a：在激烈的产品市场竞争条件下，高管持股能够提高自愿业绩预告的概率，即产品市场竞争促进了高管持股对自愿业绩预告的激励效应。

研究假设 H4b：在激烈的产品市场竞争条件下，高管持股能够提高业绩预告特征的质量，即产品市场竞争促进了高管持股对业绩预告特征的激励效应。

4.2.5 高管持股、内部薪酬差距与公司业绩预告行为

高管激励通常包括显性激励和隐性激励两种形式，前者主要指货币薪酬，以明确的合同形式进行规定，可进一步分为现金薪水合同、奖金计划、股权计划、期权合约等；而隐性激励要么缺乏明文契约，要么只是原则性规定，常见的有在职消费、内部人交易收益、政治晋升等形式。高管激励中的长期股权激励和短期薪酬激励具有不同的风险特质，对高管的风险偏好和决策行为具有各自独特的影响力，但是在实际中，公司在实施股权激励的同时，薪酬激励也发挥着对高管的激励效应，因此，我们进一步研究股权激励与薪酬激励对公司业绩预告行为的共同影响。此处，我们用高管持股衡量股权激励，用内部薪酬差距衡量薪酬激励。内部薪酬差距作为一种重要的货币薪酬制度设计，是高管激励的重要显性激励形式，可细分为高管与员工之间的薪酬差距和高管内部薪酬差距。

国外学者对内部薪酬差距激励现象进行了深入研究，取得了丰富的研究成果。Lazear 和 Rosen（1981）构建了一个锦标赛模型，证实高管努力程度取决于公司内部薪酬差距，薪酬差距越大，高管越努力，从而提出了锦标赛理论。该理论认为，公司内部的晋升和奖励是"不断取得胜利"的锦标赛，获胜者将得到更高的职业晋升和奖金报酬，这样，公司内部薪酬差距的激励效应就产生了。加大高管内部薪酬差距，将会降低股东与高管之间的代理成本，为促使股东和高管之间的利益相关性提供强激励，从而提高公司绩效和价值。Bishop（1987）、Milgrom 和 Roberts（1992）研究表明，薪酬差距越大，激励强度越大，越能吸引到市场中的优秀人才，并能降低高质量人才寻找工作的成本。Milkovich 和 Newman（1996）认为，内部薪酬差距越小，激励效应越小，越不利于员工专业能力的发挥。Main（1993）、Eriksson（1999）等研究发现，薪酬差距的增大会提高营业利润和企业价值。林浚清（2003）、陈振和张鸣（2006）、张正堂（2008）、刘春和孙亮（2010）等很多学者的研究也证实，随

着薪酬差距的增大，企业的业绩和价值得到了有效提升。

上述研究成果表明，内部薪酬差距具有正向价值激励效应，能够促进经济效益的提高和公司价值的提升。纵观国内外研究文献，主要是围绕内部薪酬差距对高管努力程度和公司价值的影响关系展开研究，鲜有将内部薪酬差距的激励效应研究延伸至公司信息披露领域的，特别是公司业绩预告领域。那么，具有正向价值激励效应的内部薪酬差距对公司业绩预告行为有影响吗？这还有待于进一步的实证检验。

业绩预告制度是我国资本市场不断发展的产物，在资本市场中具有十分重要的作用，是传统的以财务报告为核心的信息披露制度的有益补充和进一步发展。我国的业绩预告制度仍处于逐步发展完善的过程当中，公司在预告的内容和形式上，比如精确性、准确性、及时性等方面具有较大的自主选择权，这些内容和形式上的特征集中体现了公司的业绩预告行为。作为公司经营管理的核心人员，高管在公司中担任着重要职务，掌握着公司生产经营方面的重要信息，是公司信息披露行为的决策者。高管对信息披露行为进行决策时，基于对风险与收益、个人利益与股东利益之间的权衡考虑，在法律许可的范围内选择信息披露的内容和形式，从而实现风险的最小化和收益的最大化。

相对于股权激励，内部薪酬差距属于一种短期薪酬激励形式，能够为公司和高管所控制，现实中会被控制在一定的范围之内。在内部薪酬差距激励条件下，高管会努力工作，提高工作业绩和公司价值，并通过采取积极的信息披露策略，比如增加披露频率、提高披露信息质量等，促进公司股价提升，展示自己高超的经营管理能力，从而获取更高薪酬。

基于锦标赛理论，并考虑高管信息披露动机，我们预计，在股权激励和薪酬激励的共同作用下，公司内部薪酬差距对高管产生激励效应，必将影响到高管的信息披露动机，进而影响公司业绩预告行为，并且这种影响将是一种促进作用的积极影响。根据上述理论和文献分析，我们提出如下研究假设：

研究假设 H5a：在股权激励和薪酬激励的共同作用下，内部薪酬差距对自愿业绩预告具有激励效应，能够促进公司自愿进行业绩预告行为。

研究假设 H5b：在股权激励和薪酬激励的共同作用下，内部薪酬差距对业绩预告特征具有激励效应，业绩预告信息的决策有用性增强，体现为高管的协同动机。

根据高管权力理论（Finkelstein，1992；Bebchuk & Fried，2002；Bebchuk & Fried，2003），高管权力是高管执行自身意愿的能力，是高管对董事会或股东大会决策行为、监督行为的深度影响力，在公司治理机制弱化的条件下，高管权力会进一步膨胀，直接结果就是高管自定薪酬，高管成为自身薪酬的制定者，从而旨在降低委托代理成本的公司激励约束机制反而成了高管寻租的工具，高管通常会采取一系列措施，比如盈余管理、选择性信息披露等，弱化甚至扭曲公司激励约束机制的激励效应。研究表明，高管权力越大，操纵自身薪酬的能力越强。高管权力理论认为，权力型高管有能力运用权力寻租，导致公司经营效率、产权效益下降，抑制激励约束机制对公司价值的正向效应。内部薪酬差距设计作为公司激励约束机制的重要组成部分，给予贡献大的高管和员工更高薪酬，有利于提高公司的薪酬绩效敏感性，对提升公司价值有益，而高管权力的存在会影响这种价值激励效应。因此，高管权力影响内部薪酬差距对公司价值的激励效应。

高管权力理论是基于西方发达的资本市场提出来的，尽管其主要研究的是高管权力、激励约束机制与公司价值三者之间的关系，但其核心内容是高管权力的存在导致高管自定薪酬。在高管权力理论下，高管权力越大，高管自定薪酬的能力越强，必然影响公司内部薪酬差距的大小，而内部薪酬差距大小对高管产生不同的激励强度，具体到公司信息披露行为，必然影响高管信息披露动机，进而影响公司业绩预告行为。因此，从理论上分析，高管权力会影响内部薪酬差距对公司业绩预告行为的效应，但针对我国特有制度背景下的业绩预告实践，还有待于进一步的实证检验。我们认为，相对于西方完善的资本市场机制，我国当前的法制环境和信息披露机制可能会影响高管权力理论在上市公司业绩预告实践中的适用性。

当前，我国上市公司业绩预告的现实状况是：业绩预告相关的法律和监管措施需进一步完善，对业绩预告披露的形式和内容并没有严格的规范，对业绩预告相关违规行为的认定和处罚也没有严格的标准，市场执行力有待提升；上市公司在进行业绩预告时往往避实就虚、避重就轻，信息操纵行为比较严重，"变脸"现象频频发生，业绩预告信息的相关性和可靠性大打折扣。

基于上述分析，我们预期，在股权激励和薪酬激励的共同作用下，高管权力可能会通过内部薪酬差距影响公司业绩预告行为，但我们无法准确预计这种影响关系的方向，因此，根据高管权力理论，考虑我国特殊的制度现实，我们提出如下对立的研究假设：

研究假设 H5c：在股权激励和薪酬激励的共同作用下，高管权力将会抑制内部薪酬差距对公司业绩预告行为的激励效应。

研究假设 H5d：在股权激励和薪酬激励的共同作用下，高管权力将会促进内部薪酬差距对公司业绩预告行为的激励效应。

4.3 研究设计

4.3.1 样本选择和数据来源

本章主要研究我国上市公司高管持股对公司业绩预告行为的影响，辅之以高管经验、产权性质、产品市场竞争、高管权力、薪酬激励、信息性质等密切相关变量，构筑了一个相对比较完备的研究体系。我们选择2006—2015年沪、深两市A股上市公司的年度数据作为观测样本。之所以如此选择，是因为自2006年我国《上市公司股权激励管理办法（试行）》正式实施之后，上市公司股权激励实践才逐步发展起来。业绩预告样本是以公司-年度为标准进行收集，即每个公司每年仅保留一个观测值，不考虑季度和半年度业绩预告数据；如果公司发布有年度业绩预告修正公告，则以最后一次预告为准。对样本的具体筛选标准有：①根据行业特征，剔除金融保险业。②根据公司特征，剔除ST、SST、＊ST、S＊ST公司。③剔除主要变量缺失的观测值。经过层层剔除，共获得7 332个有效观测样本。本章主要数据（如高管持股、业绩预告等）来自万得（WIND）数据库，个别公司治理数据（如高管年龄、任职期限等）取自国泰安（CSMAR）数据库。本书运用STATA12.0统计软件对数据进行分析。为排除离群值的影响，我们对所有连续变量进行1%和99%的winsorize处理。

4.3.2 变量定义

（1）公司业绩预告行为变量

公司业绩预告行为指的就是公司业绩预告的披露行为，可细化为公司自愿业绩预告和业绩预告特征两部分。公司自愿业绩预告是指在不存在外部强制力的条件下，公司自愿披露业绩预告的行为。为此设置自愿业绩预告虚拟变量Dperformance，样本期间自愿披露业绩预告的取值为1，否则为0。

根据高敬忠等（2011）、王玉涛和王彦超（2012）、马连福等（2013）的研究文献，我们用"三性"来刻画公司业绩预告特征：精确性、准确性、及时性。其中，用精确性和准确性来刻画业绩预告信息特征，用及时性来刻画业绩预告行为特征。

在我国上市公司的业绩预告中，披露方式主要有四种：定性方式、开区间方式、闭区间方式、点值方式。由于定性方式和开区间方式反映的业绩预告信息过于笼统，在此不予考虑，我们仅仅考虑反映信息相对精确的闭区间方式（其中，点值方式可以看作是区间宽度为零的特殊形式）。

精确性（Precision）是指公司业绩预告披露的闭区间大小，反映业绩预告信息形式上的精确程度，Precision 取值与业绩预告信息质量之间是反比例关系，Precision 取值越小，精确程度越高。其计算公式如下：

$$Precision = \frac{（业绩预告净利润上限 - 业绩预告净利润下限）}{abs（业绩预告净利润上限 + 业绩预告净利润下限）/2} \quad (1)$$

由公式（1）可知，当业绩预告方式为点值时，Precision = 0，表明业绩预告的精确性最高。

准确性（Accuracy）是指业绩预告闭区间中值与财务报告净利润实际值之间的偏差，反映业绩预告实质上的准确程度，Accuracy 取值与业绩预告信息质量之间是反比例关系，Accuracy 取值越小，准确程度越高。其计算公式如下：

$$Accuracy = abs\left[\frac{（业绩预告闭区间中值 - 财务报告净利润实际值）}{财务报告净利润实际值}\right] \quad (2)$$

由公式（2）可知，当业绩预告闭区间中值等于财务报告净利润实际值时，Accuracy = 0，表明业绩预告的准确性最高。

及时性（Timeliness）是指公司发布业绩预告日期至财务报告实际公告日期之间的时间间隔，时间间隔越大，公司发布业绩预告越及时。

（2）高管持股变量

根据李维安和李汉军（2006）、王华和黄之骏（2006）、夏纪军和张晏（2008）、王传彬等（2014）的研究文献，Equity 定义为公司高管持股比例，用高管持股数量与公司股本总数的比值来衡量，反映高管持股水平。Dequity 是虚拟变量，如果高管持有本公司股份，取值为 1，否则为 0。

（3）高管经验变量

借鉴 Black 等（2014）的研究方法，我们用高管年龄 Age 和任职期限 Tenure 两个变量衡量高管经验，一般认为，高管年龄越大，任职期限越长，管理经验越丰富。

（4）产权性质变量

产权性质（State）是一个虚拟变量，根据最终控制人将产权性质划分为国有产权和非国有产权两类，其中，国有产权居于主体地位，定义为 State = 1，非国有产权定义为 State = 0。

（5）产品市场竞争变量（HHI）

该变量是用市场集中度的综合指数（赫芬达尔指数）来反映公司所在行

业的产品市场竞争程度，该变量取值越小，表明产品市场竞争越激烈。借鉴Haushalter 等（2007）、马连福等（2013）的研究方法，具体计算公式如下：

$$HHI = \sum \left(\frac{X_i}{\sum X_i} \right)^2 \tag{3}$$

其中，X_i 为公司 i 的主营业务收入。行业划分依据证监会《上市公司行业分类指引》中的一级分类和制造业次级分类方法。

（6）高管权力变量

本章对高管权力进行衡量时，将高管的范围界定为拥有最终生产经营决策权的管理者，包括总经理、总裁或 CEO。在 Finkelstein（1992）的权力模型中，把高管权力具体划分为组织权力、专家权力、所有制权力和声望权力四个维度进行衡量；国内学者权小锋等（2010）、杨兴全等（2014）、刘焱等（2014）也主要是沿袭这种研究思路来度量高管权力的大小。本章借鉴上述研究方法，选择八个指标作为原始变量，分别采用主成分分析和算术平均数的方法合成两个高管权力指标。

①两职兼任情况：两职兼任能够增强高管对公司的控制力。当高管兼任公司董事长或副董事长时，该变量取值为 1，否则为 0。

②董事会人数：董事会人数越多，权力越分散，高管的权力就越大，且已有研究证明，董事会人数与高管权力是正比例关系。当董事会人数超过当年行业平均值时，该变量取值为 1，否则为 0。

③高管职称：职称越高表明高管的专业技术能力越强，能够增强其在公司的声望和地位。当高管具有高级职称[①]时，该变量取值为 1，否则为 0。

④高管学历：高学历[②]是高管拥有丰富专业知识和具备较高能力的标志，能够提高其社会声誉。当高管具有硕士及以上学历时，该变量取值为 1，否则为 0。

⑤高管兼职情况：高管在本公司以外从事兼职活动，表明高管拥有更多的社会资源，能够提升高管的身价和影响力。当高管在外兼职时，该变量取值为 1，否则为 0。

⑥高管持股：如果高管持有本公司股份，其管理者和股东的双重身份能够增强其在公司的地位和控制力。当高管持有本公司股份时，该变量取值为 1，

---

① 高级职称包括高级会计师、高级经济师、注册会计师、注册资产评估师、高级国际商务师、国际商务师、高级工程师、高级建筑师、律师、教授、副教授、研究员、副研究员、中科院中国工程院院士。

② 本章对高学历的界定：硕士研究生及以上学历。

否则为 0。

⑦高管任职时间：高管任职时间越长，管理经验越丰富，管理能力越强，其权力越大。当高管任职时间超过当年行业平均值时，该变量取值为 1，否则为 0。

⑧股权分散情况：公司的股权越分散，股东对公司的控制力减弱，则高管对公司的控制力会增强，高管权力越大。当第一大股东持股比例除以第二至第十大股东持股比例之和小于 1 时，该变量取值为 1，否则为 0。

上述八个指标从不同侧面反映了高管权力的大小，本章对以上八个指标进行主成分分析。KMO 检验结果为 0.559 3，该值大于 0.5，比较适合做主成分分析；SMC 检验结果表明各指标之间的共线性较强，也适合做主成分分析。我们以特征根大于 1 为标准选择前四个主成分计算最终的综合得分值，作为衡量高管权力的第一个变量 Mpower1；以上述八个指标计算的算术平均值作为衡量高管权力的第二个变量 Mpower2。

（7）内部薪酬差距变量

借鉴 Eriksson（1999）、刘春和孙亮（2010）、步丹璐和王晓艳（2014）的研究方法，高管平均薪酬为高管薪酬总额与领薪高管人数的比值；员工平均薪酬为"应付职工薪酬"年初年末变化值与现金流量表中"支付给职工以及为职工支付的现金"之和减去高管薪酬总额除以普通员工人数（全部员工人数扣减高管人数）的比值。

高管与员工之间的绝对薪酬差距 Labgap1 = ln（高管平均薪酬 − 员工平均薪酬）

$$(4)$$

高管与员工之间的相对薪酬差距 Labgap2 = 高管平均薪酬 ÷ 员工平均薪酬

$$(5)$$

参考陈震和张鸣（2006）、张正堂（2008）、杨志强和王华（2014）的做法，采用如下公式计算高管内部薪酬绝对差距和相对差距：

高管内部绝对薪酬差距 Mgap1 =

$$ln(\frac{高管前三名薪酬总额}{3} - \frac{高管薪酬总额 - 高管前三名薪酬总额}{领薪高管人数 - 3}) \quad (6)$$

高管内部相对薪酬差距 Mgap2 =

$$\frac{高管前三名薪酬总额}{3} ÷ \frac{高管薪酬总额 - 高管前三名薪酬总额}{领薪高管人数 - 3} \quad (7)$$

（8）控制变量

参照高敬忠和周晓苏（2013）、马连福等（2013）、Black 等（2014）的研究模型，我们控制了公司自由现金流（Fcash）、盈余波动性（Evolatility）、盈余增长性（Eincrease）、市净率（MB）、公司规模（Size）、市场波动性（Mvolatility）、高管任职年限（Tenure）、高管年龄（Age）。此外，为了控制行业效应和时间效应，本章还引入了行业虚拟变量（Industry）和年度虚拟变量（Year）。具体的变量定义见表4.1。

表4.1　变量定义及计算方法

	变量符号	变量名称	变量定义
被解释变量	Dperformance	业绩预告虚拟变量	样本期间自愿进行业绩预告的取值1，否则为0
	Precision	业绩预告信息形式上的精确性	业绩预告信息形式上的精确性，见公式（1）
	Accuracy	业绩预告信息实质上的准确性	业绩预告信息实质上的准确性，见公式（2）
	Timeliness	业绩预告的及时性	业绩预告日至财务报告日之间的时间间隔，取对数
解释变量	Dequity	高管持股虚拟变量	如果高管持有本公司股份，取值为1，否则为0
	Equity	高管持股水平变量	高管持股数量与公司股本总数的比值×100
	State	产权性质	国有产权取值为1，非国有产权取值为0
	HHI	产品市场竞争	年度行业的赫芬达尔指数，见公式（3）
	Labgap1	高管与员工之间的绝对薪酬差距	高管与员工之间的绝对薪酬差距，见公式（4）
	Labgap2	高管与员工之间的相对薪酬差距	高管与员工之间的相对薪酬差距，见公式（5）
	Mgap1	高管内部绝对薪酬差距	高管内部绝对薪酬差距，见公式（6）
	Mgap2	高管内部相对薪酬差距	高管内部相对薪酬差距，见公式（7）
	Mpower1	高管权力1	高管权力的主成分综合得分
	Mpower2	高管权力2	高管权力的平均值综合得分

表4.1(续)

	变量符号	变量名称	变量定义
控制变量	Fcash	公司自由现金流	(经营活动现金净流量-股息)/总资产
	Evolatility	盈余波动性	用前五期 ROA 的标准差度量
	Eincrease	盈余增长性	本期盈余高于上期盈余取 1,否则为 0
	MB	市净率	市净率=每股市价/每股净资产
	Size	公司规模	用公司市值的自然对数衡量
	Mvolatility	市场波动性	利用市场模型回归之后的残差来度量
	Tenure	高管任职年限	高管任职期限的自然对数,并进行标准化处理
	Age	高管年龄	高管平均年龄的自然对数,并进行标准化处理
	Industry	行业虚拟变量	根据证监会分类标准,制造业按两位代码分类,其他行业按一位代码分类,分别设置相应的虚拟变量
	Year	年度虚拟变量	本章对 2006—2015 年度分别设置相应的虚拟变量

4.3.3 模型设计

根据前述研究假设和变量选取的分析构建如下多元回归模型,分析高管持股(高管持股虚拟变量 Dequity)和高管持股水平(Equity)对自愿业绩预告的影响:

$$\text{Logit}(\text{Dperformance}=1)_{it} = \beta_0 + \beta_1\text{Dequity}_{it} + \beta_2\text{Fcash}_{it} + \beta_3\text{Evolatility}_{it} +$$
$$\beta_4\text{Eincrease}_{it} + \beta_5\text{MB}_{it} + \beta_6\text{Size}_{it} + \beta_7\text{Mvolatility}_{it} + \beta_8\text{Tenure}_{it} + \beta_9\text{Age}_{it} +$$
$$\sum\text{Industry} + \sum\text{Year} + \varepsilon_{it} \tag{I}$$

$$\text{Logit}(\text{Dperformance}=1)_{it} = \beta_0 + \beta_1\text{Equity}_{it} + \beta_2\text{Fcash}_{it} + \beta_3\text{Evolatility}_{it} +$$
$$\beta_4\text{Eincrease}_{it} + \beta_5\text{MB}_{it} + \beta_6\text{Size}_{it} + \beta_7\text{Mvolatility}_{it} + \beta_8\text{Tenure}_{it} + \beta_9\text{Age}_{it} +$$
$$\sum\text{Industry} + \sum\text{Year} + \varepsilon_{it} \tag{II}$$

根据前述研究假设和变量选取的分析构建如下多元回归模型,分析高管持股(高管持股虚拟变量 Dequity)对业绩预告特征的影响:

$$\text{Precision}_{it} = \beta_0 + \beta_1 \text{Dequity}_{it} + \beta_2 \text{Fcash}_{it} + \beta_3 \text{Evolatility}_{it} + \beta_4 \text{Eincrease}_{it} + \beta_5 \text{MB}_{it} +$$
$$\beta_6 \text{Size}_{it} + \beta_7 \text{Mvolatility}_{it} + \beta_8 \text{Tenure}_{it} + \beta_9 \text{Age}_{it} + \sum \text{Industry} + \sum \text{Year} + \varepsilon_{it}$$
$$（\text{Ⅲ}）$$

$$\text{Accuracy}_{it} = \beta_0 + \beta_1 \text{Dequity}_{it} + \beta_2 \text{Fcash}_{it} + \beta_3 \text{Evolatility}_{it} + \beta_4 \text{Eincrease}_{it} + \beta_5 \text{MB}_{it} +$$
$$\beta_6 \text{Size}_{it} + \beta_7 \text{Mvolatility}_{it} + \beta_8 \text{Tenure}_{it} + \beta_9 \text{Age}_{it} + \sum \text{Industry} + \sum \text{Year} + \varepsilon_{it}$$
$$（\text{Ⅳ}）$$

$$\text{Timeliness}_{it} = \beta_0 + \beta_1 \text{Dequity}_{it} + \beta_2 \text{Fcash}_{it} + \beta_3 \text{Evolatility}_{it} + \beta_4 \text{Eincrease}_{it} + \beta_5 \text{MB}_{it} +$$
$$\beta_6 \text{Size}_{it} + \beta_7 \text{Mvolatility}_{it} + \beta_8 \text{Tenure}_{it} + \beta_9 \text{Age}_{it} + \sum \text{Industry} + \sum \text{Year} + \varepsilon_{it}$$
$$（\text{Ⅴ}）$$

在进行回归分析过程中，上述模型（Ⅲ）（Ⅳ）（Ⅴ）中的解释变量高管持股（高管持股虚拟变量 Dequity）可替换成高管持股水平变量（Equity），分析高管持股水平对业绩预告特征的影响：

$$\text{Precision}_{it} = \beta_0 + \beta_1 \text{Equity}_{it} + \beta_2 \text{Fcash}_{it} + \beta_3 \text{Evolatility}_{it} + \beta_4 \text{Eincrease}_{it} + \beta_5 \text{MB}_{it} +$$
$$\beta_6 \text{Size}_{it} + \beta_7 \text{Mvolatility}_{it} + \beta_8 \text{Tenure}_{it} + \beta_9 \text{Age}_{it} + \sum \text{Industry} + \sum \text{Year} + \varepsilon_{it}$$
$$（\text{Ⅵ}）$$

$$\text{Accuracy}_{it} = \beta_0 + \beta_1 \text{Equity}_{it} + \beta_2 \text{Fcash}_{it} + \beta_3 \text{Evolatility}_{it} + \beta_4 \text{Eincrease}_{it} + \beta_5 \text{MB}_{it} +$$
$$\beta_6 \text{Size}_{it} + \beta_7 \text{Mvolatility}_{it} + \beta_8 \text{Tenure}_{it} + \beta_9 \text{Age}_{it} + \sum \text{Industry} + \sum \text{Year} + \varepsilon_{it}$$
$$（\text{Ⅶ}）$$

$$\text{Timeliness}_{it} = \beta_0 + \beta_1 \text{Equity}_{it} + \beta_2 \text{Fcash}_{it} + \beta_3 \text{Evolatility}_{it} + \beta_4 \text{Eincrease}_{it} + \beta_5 \text{MB}_{it} +$$
$$\beta_6 \text{Size}_{it} + \beta_7 \text{Mvolatility}_{it} + \beta_8 \text{Tenure}_{it} + \beta_9 \text{Age}_{it} + \sum \text{Industry} + \sum \text{Year} + \varepsilon_{it}$$
$$（\text{Ⅷ}）$$

4.4　检验结果

4.4.1　描述性统计分析

样本描述性统计如表 4.2 所示。

表 4.2　样本描述性统计

variable	N	mean	sd	min	p50	max
Precision	7 332	0. 270	0. 330	0	0. 180	2
Accuracy	7 332	0. 240	0. 530	0	0. 090 0	3. 970

表4.2(续)

variable	N	mean	sd	min	p50	max
Timeliness	7 332	4.450	0.640	1.950	4.470	5.210
Dequity	7 332	0.780	0.410	0	1	1
Equity	7 332	15.58	21.55	0	0.680	70.38
State	7 332	0.280	0.450	0	0	1
HHI	7 332	0.060 0	0.100	0.010 0	0.020 0	0.430
Labgap1	6 697	2.560	0.900	−0.430	2.640	4.510
Labgap2	6 697	3.640	2.360	1.080	3	15.11
Mgap1	7 290	3.310	0.760	1.240	3.320	5.270
Mgap2	7 259	3.500	1.770	1.590	3.010	12.35
Mpower1	7 239	0.070 0	0.360	−0.560	0.030 0	0.900
Mpower2	7 239	0.390	0.200	0	0.380	0.880
Fcash	7 332	0.020 0	0.060 0	−0.140	0.020 0	0.190
Evolatility	7 332	6.260	6.880	0.520	4.330	49.51
Eincrease	7 332	0.450	0.500	0	0	1
MB	7 332	5.150	6.120	−3.670	3.470	45.09
Size	7 332	12.97	0.900	11.09	12.91	15.40
Mvolatility	7 332	0.470	0.450	0.030 0	0.370	3.440
Tenure	7 332	0.390	0.760	−2.680	0.590	1.480
Age	7 332	−0.070 0	0.900	−2.450	−0.040 0	1.930

根据描述性统计分析，在样本观测期内，选定的 7 332 个有效样本在进行年度业绩预告时运用闭区间和点值方式，相对于定性和开区间方式，预告信息质量比较高。精确性（Precision）的平均水平为 27%，中位数为 18%，说明大多数公司在业绩预告时选择的区间宽度都比较小，形式上的信息质量较高。准确性（Accuracy）的平均水平为 24%，中位数为 9%，反映大多数公司业绩预告净利润偏离净利润实际值的幅度都在均值以下，实质上的信息质量也较高。及时性（Timeliness）的均值为 4.45，中位数为 4.47，大约有一半的公司业绩预告日至财务报告日之间的时间间隔在平均值以上，业绩预告比较及时。高管持股虚拟变量（Dequity）的平均值为 78%，表明通过高管持股的形式对高管

实施股权激励已经成为我国上市公司主要的激励方式。高管持股水平（Equity）的平均值为15.58%，最大值为70.38%，说明高管持股水平整体上比较低，在不同公司之间差异较大。产权性质State的平均值为0.28，在所选择的样本观测值内，有接近三分之一的为国有公司观测数据。赫芬达尔指数（HHI）的均值为0.06，中位数为0.02，说明大多数公司所处行业的赫芬达尔指数（HHI）位于平均值以下，产品市场竞争比较激烈。高管与员工之间的绝对薪酬差距（Labgap1）和相对薪酬差距（Labgap2）的统计数据显示，我国上市公司高管平均薪酬是普通员工平均薪酬的3.64倍，最小倍数是1.08，最大倍数是15.11，高管与员工之间存在较大的薪酬差距。高管内部的绝对薪酬差距（Mgap1）和相对薪酬差距（Mgap2）的统计数据表明，我国上市公司的前三名高管平均薪酬是其余高管平均薪酬的3.50倍，最小倍数是1.59，最大倍数是12.35，差距比较明显。高管权力的主成分综合得分指标（Mpower1）的均值为0.07，最大值与最小值分别为0.90、-0.56，高管权力的平均值综合得分指标（Mpower2）的均值为0.39，最大值与最小值分别为0.88、0，说明公司间高管权力的差异较为明显。

  表4.3提供了主要变量之间的相关系数。数据显示，高管持股虚拟变量（Dequity）和高管持股水平（Equity）与精确性（Precision）和准确性（Accuracy）之间基本上呈现显著的负相关关系，这表明，高管持股能够促进业绩预告信息质量提高；高管持股虚拟变量（Dequity）和高管持股水平（Equity）与及时性（Timeliness）之间都呈现显著的正相关关系，这表明，高管持股能够促进业绩预告及时性增强。高管任职年限（Tenure）、高管年龄（Age）、产权性质（State）、产品市场竞争（HHI）与精确性（Precision）、准确性（Accuracy）和及时性（Timeliness）之间的相关系数基本上都显著，这说明，高管经验、产权性质、产品市场竞争与公司业绩预告行为之间存在着直接的相关关系，但是否通过高管持股变量间接影响公司业绩预告行为还需要进一步的实证检验。内部薪酬差距变量（Labgap1、Mgap1）与精确性（Precision）之间的相关系数有正有负，有显著也有不显著，关系难以界定。内部薪酬差距变量（Labgap1、Mgap1）与准确性（Accuracy）之间基本上呈现显著的负相关关系，与及时性（Timeliness）之间基本上呈现显著的正相关关系，这表明，内部薪酬差距会显著提高业绩预告的准确性和及时性。高管权力（Mpower1）与内部薪酬差距变量（Labgap1、Mgap1）之间是显著的正相关关系，这表明，高管权力、内部薪酬差距与公司业绩预告行为之间存在密切联系。上述结论初步支持了研究假设。

表 4.3 主要变量相关系数

	Precision	Accuracy	Timeliness	Dequity	Equity	State	HHI	Labgap1	Mgap1
Precision	1.00	0.32***	0.29***	0.03**	0.11***	-0.09***	-0.02*	0.04***	0.07***
Accuracy	0.29***	1.00	0.11***	-0.08***	-0.17***	0.13***	0.02*	-0.08***	-0.07***
Timeliness	0.14***	-0.00	1.00	0.06***	0.12***	-0.13***	-0.03*	0.12***	0.11***
Dequity	-0.03*	-0.08***	0.07***	1.00	0.71***	-0.22***	-0.04**	0.08***	0.09***
Equity	-0.01**	-0.12***	0.10***	0.39***	1.00	-0.48***	-0.02	0.07***	0.10***
State	-0.01	0.09***	-0.11***	-0.22***	-0.43***	1.00	0.05***	-0.02	-0.11***
HHI	-0.05***	-0.01	-0.06***	0.01	0.08***	-0.01	1.00	0.04***	0.04***
Labgap1	-0.02	-0.08***	0.14***	0.09***	0.03*	-0.03**	0.01	1.00	0.78***
Mgap1	0.01	-0.07***	0.13***	0.09***	0.04***	-0.11***	0.00	0.77***	1.00
Mpower1	0.02	-0.01	0.13***	0.22***	0.11***	-0.00	-0.03*	0.17***	0.16***
Fcash	-0.10***	-0.08***	0.02	0.03**	0.02	0.04**	0.05***	0.10***	0.07***
Evolatility	-0.06***	-0.02	-0.13***	-0.07***	0.02	-0.08***	0.12***	-0.11***	-0.10***
Eincrease	-0.09***	-0.01	-0.01	-0.02*	-0.11***	0.07***	-0.03**	0.03*	0.04***
MB	-0.03*	0.03*	-0.09***	-0.07***	-0.04***	-0.07***	0.08***	-0.08***	-0.03**
Size	-0.06***	-0.06***	0.08***	0.13***	-0.02*	0.06***	0.02	0.39***	0.43***
Mvolatility	-0.02	0.01	-0.01	0.03**	0.09***	-0.10***	0.05***	-0.04***	-0.00
Tenure	0.12***	0.01	0.18***	0.10***	0.08***	-0.09***	-0.03*	0.15***	0.18***
Age	0.04**	0.04***	0.05***	-0.05***	-0.24***	0.24***	-0.12***	0.10***	0.10***

表 4.3（续）

	Mpower1	Fcash	Evolatility	Eincrease	MB	Size	Mvolatility	Tenure	Age
Precision	0.09 ***	-0.10 ***	-0.11 ***	-0.12 ***	-0.04 ***	-0.02	-0.05 ***	0.24 ***	0.05 ***
Accuracy	-0.03 **	-0.13 ***	-0.04 ***	-0.00	-0.07 ***	-0.09 ***	-0.03 *	0.04 ***	0.07 ***
Timeliness	0.11 ***	0.01	-0.15 ***	-0.01	-0.04 ***	0.07 ***	-0.01	0.18 ***	0.04 ***
Dequity	0.22 ***	0.03 *	-0.05 ***	-0.02 *	0.00	0.13 ***	0.06 ***	0.09 ***	-0.06 ***
Equity	0.21 ***	0.01	0.05 ***	-0.10 ***	0.06 ***	0.06 ***	0.11 ***	0.12 ***	-0.20 ***
State	-0.01	0.05 ***	-0.14 ***	0.07 ***	-0.13 ***	0.05 ***	-0.11 ***	-0.08 ***	0.24 ***
HHI	-0.05 ***	-0.03 *	-0.02	-0.00	0.11 ***	0.07 ***	0.04 ***	-0.01	-0.07 ***
Labgap1	0.17 ***	0.11 ***	-0.13 ***	0.03 **	-0.03 *	0.40 ***	-0.05 ***	0.16 ***	0.11 ***
Mgap1	0.16 ***	0.08 ***	-0.10 ***	0.05 ***	0.04 **	0.41 ***	-0.01	0.17 ***	0.09 ***
Mpower1	1.00	0.01	-0.15 ***	-0.01	-0.05 ***	0.16 ***	-0.02	0.27 ***	0.17 ***
Fcash	0.01	1.00	-0.07 ***	0.02 *	0.05 ***	0.11 ***	-0.03 ***	-0.07 ***	0.01
Evolatility	-0.16 ***	-0.05 ***	1.00	-0.07 ***	0.02	-0.19 ***	0.13 ***	-0.24 ***	-0.19 ***
Eincrease	-0.01	0.02	-0.03 **	1.00	0.11 ***	0.12 ***	0.05 ***	0.04 ***	0.04 ***
MB	-0.10 ***	-0.03 *	0.15 ***	0.06 ***	1.00	0.36 ***	0.24 ***	-0.04 ***	-0.08 ***
Size	0.18 ***	0.11 ***	-0.13 ***	0.12 ***	0.19 ***	1.00	0.08 ***	0.18 ***	0.16 ***
Mvolatility	-0.02 *	0.00	0.13 ***	-0.00	0.15 ***	0.06 ***	1.00	-0.08 ***	-0.11 ***
Tenure	0.23 ***	-0.09 ***	-0.16 ***	0.03 *	-0.05 ***	0.17 ***	-0.08 ***	1.00	0.30 ***
Age	0.17 ***	-0.01	-0.15 ***	0.05 **	-0.06 ***	0.17 ***	-0.07 ***	0.27 ***	1.00

注：下三角为 Pearson 相关系数，上三角为 Spearman 相关系数；*、**、*** 分别表示在 10%、5% 和 1% 水平上显著。

4.4.2 回归结果分析

（1）对第一个研究假设进行检验

①高管持股对自愿业绩预告的影响

借鉴罗玫和宋云玲（2012）的研究方法，根据 2002 年《公开发行证券的公司信息披露编报规则第 13 号内容与格式特别规定》的有关规定，上市公司必须披露业绩预告的情形有以下五种：①预增，即预计利润增长 50 % 以上；②预减，即预计利润降低 50 % 以上；③首亏，即公司首次亏损；④扭亏，即当年扭亏为盈；⑤续亏，即公司在前期亏损的基础上本期继续亏损。我们将上述强制型预告之外的业绩预告类型称为自愿业绩预告，主要有：①略增，即预计利润增长 50% 以下；②略减，即预计利润降低 50% 以下；③续盈，即公司在前期盈利的基础上预计本期继续盈利；④预计未来利润不确定。为了运用Logit 模型检验高管持股对自愿业绩预告的影响，我们在有效观测样本的基础上采用如下方法增加样本数量：一是为使估计结果更准确，补充了自愿进行定性披露和开区间披露业绩预告的上市公司观测值；二是增加了解释变量和控制变量齐备，但并不披露业绩预告的上市公司观测值。

基于模型（Ⅰ）和（Ⅱ），我们进行回归分析，得出如表 4.4 所示结论。由回归结果可以看出，在方程（1）中，高管持股虚拟变量（Dequity）对业绩预告虚拟变量（Dperformance）的影响系数为正数，且在 1% 水平上显著，这表明，相对于高管未持有本公司股份来说，高管持股能够提高公司披露自愿业绩预告的概率。在方程（2）中，高管持股水平（Equity）对业绩预告虚拟变量（Dperformance）的影响系数为正数，且在 1% 水平上显著，这表明，高管持股水平与公司自愿业绩预告之间是正相关关系，高管持股水平越高，公司进行自愿业绩预告的概率越高。综合上述分析，高管持股对公司自愿业绩预告具有激励效应，能够促进公司自愿进行业绩预告行为，研究假设 H1a 得到了验证。

表 4.4　高管持股对自愿业绩预告的影响

	（1） Dperformance	（2） Dperformance
Dequity	0.939 ***	
	(15.47)	
Equity		0.077 ***

表4.4(续)

	（1） Dperformance	（2） Dperformance
		（23.10）
Fcash	−2.534***	−1.360***
	（−5.25）	（−2.68）
Evolatility	0.052***	0.026***
	（7.27）	（4.29）
Eincrease	−0.174***	−0.103*
	（−3.38）	（−1.86）
MB	0.047***	0.034***
	（4.52）	（3.48）
Size	−0.459***	−0.348***
	（−14.28）	（−10.69）
Mvolatility	0.424***	0.239**
	（5.17）	（2.52）
Tenure	0.297***	0.241***
	（7.90）	（6.26）
Age	−0.401***	−0.234***
	（−13.68）	（−7.42）
Industry	Control	Control
Year	Control	Control
_cons	4.693***	3.438***
	（11.60）	（8.32）
N	10 000	10 000
Pseudo R2	0.223	0.324

注：括号内为 t 统计量值；*、**、*** 分别表示在 10%、5%和 1%水平上显著。

②高管持股对业绩预告特征的影响

基于模型（Ⅲ）、（Ⅳ）、（Ⅴ）、（Ⅵ）、（Ⅶ）和（Ⅷ），我们进行回归分析，得出如表4.5所示结论。由回归结果可以看出，在方程（1）、（3）和

（5）中，高管持股虚拟变量（Dequity）对精确性（Precision）的影响系数为负数，且在1%水平上显著；高管持股虚拟变量（Dequity）对准确性（Accuracy）的影响系数为负数，且在1%水平上显著；高管持股虚拟变量（Dequity）对及时性（Timeliness）的影响系数为正数，且在5%水平上显著，这表明，相对于高管未持有本公司股份来说，高管持股能够提高公司业绩预告信息质量（Precision和Accuracy的取值与业绩预告信息质量之间是反比例关系）和及时性，信息的决策有用性增强，从而体现为高管协同动机。在方程（2）、（4）和（6）中，高管持股水平（Equity）对精确性（Precision）的影响系数为负数，且在1%水平上显著；高管持股水平（Equity）对准确性（Accuracy）的影响系数为负数，且在1%水平上显著；高管持股虚拟变量（Dequity）对及时性（Timeliness）的影响系数为正数，且在1%水平上显著，这说明，高管持股水平与业绩预告信息质量（形式上的精确性和实质上的准确性）和及时性是正相关关系，高管持股水平越高，信息的精确性和准确性越高，及时性越强，其决策有用性增强，从而体现为高管协同动机。综合上述分析，高管持股对公司业绩预告特征具有激励效应，能够促进业绩预告信息质量提高，及时性增强，信息的决策有用性增强，从而体现为高管协同动机，研究假设H1b得到了验证。

进一步观察控制变量发现，变量公司自由现金流（Fcash）、盈余波动性（Evolatility）、盈余增长性（Eincrease）、公司规模（Size）对精确性（Precision）和准确性（Accuracy）的影响系数为负数，且基本上都显著；公司自由现金流（Fcash）、公司规模（Size）对及时性（Timeliness）的影响系数为正数且显著，也就是说，公司规模越大、盈利越好、资金越多，业绩预告信息形式上更加精确、实质上更加准确，披露得也越及时，这与现实情况基本相符（公司经营状况好，会对外披露更多信息）。

表4.5　高管持股对业绩预告特征的影响

	（1）Precision	（2）Precision	（3）Accuracy	（4）Accuracy	（5）Timeliness	（6）Timeliness
Dequity	−0.029***		−0.073***		0.050**	
	（−2.69）		（−4.02）		（2.52）	
Equity		−0.001***		−0.003***		0.002***
		（−3.13）		（−9.35）		（6.14）
Fcash	−0.313***	−0.316***	−0.519***	−0.531***	0.342**	0.352**

表4.5(续)

	(1) Precision	(2) Precision	(3) Accuracy	(4) Accuracy	(5) Timeliness	(6) Timeliness
	(−4.46)	(−4.49)	(−4.93)	(−5.05)	(2.32)	(2.39)
Evolatility	−0.002***	−0.002***	−0.003***	−0.003***	−0.007***	−0.008***
	(−3.98)	(−3.84)	(−3.86)	(−3.61)	(−5.35)	(−5.45)
Eincrease	−0.066***	−0.066***	−0.027**	−0.030**	−0.011	−0.008
	(−8.40)	(−8.47)	(−2.14)	(−2.36)	(−0.72)	(−0.56)
MB	−0.000	−0.000	0.003**	0.003**	−0.006***	−0.006***
	(−0.19)	(−0.11)	(2.06)	(1.98)	(−3.79)	(−3.70)
Size	−0.042***	−0.044***	−0.053***	−0.058***	0.044***	0.048***
	(−7.65)	(−8.03)	(−6.12)	(−6.74)	(4.38)	(4.86)
Mvolatility	0.003	0.005	0.024	0.032**	0.033**	0.026*
	(0.37)	(0.54)	(1.55)	(2.08)	(2.18)	(1.69)
Tenure	0.015**	0.016**	0.004	0.007	0.073***	0.070***
	(2.21)	(2.24)	(0.28)	(0.51)	(4.39)	(4.23)
Age	−0.001	−0.003	0.020***	0.009	−0.010	−0.001
	(−0.19)	(−0.61)	(2.86)	(1.29)	(−1.19)	(−0.07)
Industry	Control	Control	Control	Control	Control	Control
Year	Control	Control	Control	Control	Control	Control
_cons	0.894***	0.907***	0.966***	1.026***	3.970***	3.919***
	(12.80)	(12.97)	(8.82)	(9.30)	(31.19)	(30.67)
N	7 332	7 332	7 332	7 332	7 332	7 332
r2_a	0.047	0.047	0.019	0.024	0.069	0.072
F	13.28	13.39	5.32	7.65	14.28	15.02

注：括号内为 t 统计量值；*、**、*** 分别表示在 10%、5% 和 1% 水平上显著。

（2）对第二个研究假设进行检验

①高管经验、高管持股对自愿业绩预告的影响

基于模型（Ⅰ）和（Ⅱ），通过增加高管持股（Dequity）与高管经验的交互项（Dequity×Tenure、Dequity×Age、Equity×Tenure、Equity×Age）构建回归模型，分析高管经验、高管持股对公司自愿业绩预告的影响。为简化起见，省略与此相关的模型。我们进行回归分析，得出如表4.6所示结论。由回归结

果可以看出，在模型中分别加入交乘项 Dequity×Tenure、Dequity×Age 和 Equity×Tenure、Equity×Age 后，解释变量高管持股虚拟变量（Dequity）和高管持股水平（Equity）的系数符号和显著性与表 4.4 中的估计结果一致，符合我们的预期，再次验证了第一个研究假设 H1a 的结论。从表 4.6 中可以看出，在方程（1）和（2）中，除了交乘项 Dequity × Age 对业绩预告虚拟变量（Dperformance）的影响系数在 10% 水平上显著为负外，交乘项 Dequity × Tenure、Equity×Tenure、和 Equity×Age 对业绩预告虚拟变量（Dperformance）的影响系数都不显著，这表明，从整体上来说，高管经验（高管任职期限和年龄）并不影响高管持股对自愿业绩预告的激励效应，也就是说，在高管持股条件下，高管经验的不断丰富并不能促进公司的自愿业绩预告行为。但交乘项 Dequity×Age 的显著性表明，高管年龄抑制了高管持股（虚拟变量）对自愿业绩预告的激励效应。对此可能的解释是，年长的高管可能会有更短的目标视野和发展规划，具有机会主义的自利动机，可能会基于自身的名誉和地位做出较为保守的业绩预告策略，从而弱化了高管持股对自愿业绩预告的激励效应。综合上述分析，对研究假设 H2a 的检验结果表明，高管经验并不影响高管持股对自愿业绩预告的激励效应，但高管年龄可能会弱化这种效应。

进一步分析高管经验的直接效应。变量高管任职年限（Tenure）对业绩预告虚拟变量（Dperformance）的影响系数为正数，且分别在 5% 和 1% 水平上显著，这说明，高管任职期限越长，经验越丰富，越有可能进行积极披露，这与 Prendergast 和 Stole（1996）的相关研究结论一致。变量高管年龄（Age）对业绩预告虚拟变量（Dperformance）的影响系数为负数，且分别在 10% 和 1% 水平上显著，这表明，高管年龄越大，进行自愿业绩预告的概率变小，这可以用高管自利动机和风险偏好来解释，与现有文献的研究结论基本一致。由此可见，高管经验的直接效应显著且影响方向不同，研究假设 H2a 通过了检验。

表 4.6　高管经验、高管持股对自愿业绩预告的影响

	（1） Dperformance	（2） Dperformance
Dequity	0.941 ***	
	（15.41）	
Dequity×Tenure	0.163	
	（1.16）	
Dequity×Age	−0.483 *	

表4.6(续)

	（1） Dperformance	（2） Dperformance
	（-1.84）	
Equity		0.079 ***
		（22.36）
Equity×Tenure		-0.003
		（-0.95）
Equity×Age		0.005
		（1.34）
Fcash	-2.569 ***	-1.359 ***
	（-5.28）	（-2.67）
Evolatility	0.052 ***	0.026 ***
	（7.50）	（4.28）
Eincrease	-0.167 ***	-0.101 *
	（-3.24）	（-1.82）
MB	0.046 ***	0.033 ***
	（4.46）	（3.44）
Size	-0.467 ***	-0.344 ***
	（-14.49）	（-10.51）
Mvolatility	0.428 ***	0.237 **
	（5.22）	（2.48）
Tenure	0.170 **	0.258 ***
	（2.44）	（6.23）
Age	-0.041 *	-0.256 ***
	（-1.77）	（-7.53）
Industry	Control	Control
Year	Control	Control
_ cons	4.782 ***	3.390 ***

表4.6(续)

	(1) Dperformance	(2) Dperformance
	(11.80)	(8.17)
N	10 000	10 000
Pseudo R2	0.227	0.325

注：括号内为 t 统计量值；*、**、*** 分别表示在 10%、5%和 1%水平上显著。

②高管经验、高管持股对业绩预告特征的影响

基于模型（Ⅲ）、（Ⅳ）、（Ⅴ）、（Ⅵ）、（Ⅶ）和（Ⅷ），通过增加高管持股（Dequity）与高管经验的交互项（Dequity×Tenure、Dequity×Age、Equity×Tenure、Equity×Age）构建回归模型，分析高管经验、高管持股对公司业绩预告特征的影响。为简化起见，省略与此相关的模型。我们进行回归分析，得出如表 4.7 所示结果。由回归结果可以看出，在模型中分别加入交乘项 Dequity×Tenure、Dequity×Age 和 Equity×Tenure、Equity×Age 后，解释变量高管持股虚拟变量（Dequity）和高管持股水平（Equity）的系数符号和显著性与表 4.5 中的估计结果基本一致，符合我们的预期，再次验证了第一个研究假设 H1b 的结论。从表 4.7 中可以看出，在方程（1）、（2）、（3）和（4）中，交乘项 Dequity×Tenure、Dequity×Age、Equity×Tenure 和 Equity×Age 对精确性（Precision）和准确性（Accuracy）的影响系数除个别在 10%水平上略微显著外，其他情况都不显著，这表明，高管经验（高管任职期限和年龄）并不影响高管持股对业绩预告信息特征（形式上的精确性和实质上的准确性）的激励效应，业绩预告的精确性和准确性并没因高管经验而发生太大变化。其中，交乘项 Dequity×Age 对精确性（Precision）的影响系数为正数，且在 10%水平上显著，这说明，高管年龄抑制了高管持股（Dequity）对公司业绩预告精确性特征的激励效应，这可能与高管的自利动机和风险偏好有关，符合现有文献的基本结论。在方程（5）和（6）中，交乘项 Equity×Tenure 和 Equity×Age 对及时性（Timeliness）的影响系数除个别情况外，基本上都显著为正，这表明，高管经验促进了高管持股对业绩预告行为特征的激励效应，业绩预告的及时性增强，也就是说，在高管持股条件下，高管经验越丰富，业绩预告越及时。

进一步分析高管经验对业绩预告特征的直接效应。变量高管任职年限（Tenure）对及时性（Timeliness）的影响系数为正数，且分别在 10%和 1%水平上显著，这说明，高管任职期限越长，经验越丰富，业绩预告越及时。高管年龄（Age）对及时性（Timeliness）的影响系数为负数，且分别在 10%和 5%水平上

显著，这表明，高管年龄越大，越可能延迟披露业绩预告，一定程度上反映了高管的自利动机。除此之外，高管任职年限（Tenure）和高管年龄（Age）对精确性（Precision）和准确性（Accuracy）的影响系数除个别在10%水平上略微显著外，其他情况下都不显著，这表明，高管经验对业绩预告信息特征的直接效应并不明显。由此可见，高管经验的直接效应主要体现在业绩预告行为特征方面。

综合上述分析，对研究假设H2b的检验结果表明，"高层梯队理论"在我国的业绩预告实践中具有独特表现，高管经验并不影响高管持股对业绩预告信息特征的激励效应，但促进了高管持股对业绩预告行为特征的激励效应，其中，高管年龄可能会弱化高管持股对业绩预告精确性特征的效应。对此可能的解释如下：从当前我国特有的制度背景角度分析，我国的市场经济体制还处于初级阶段，市场机制还不健全，各项规章制度有待完善，业绩预告制度实施较晚，这必将对公司业绩预告的影响因素和实施效果产生深远影响。从我国资本市场监管角度分析，业绩预告是公司的预测盈利信息，编制时间短，没有审计、信息监管等方面的强制要求，监管要求的缺失使高管承担责任的风险变小，高管经验在业绩预告信息披露中所起的影响作用有限，从而对具有实质意义的业绩预告信息特征（相对于行为特征来说）并没有显著影响。从市场角度分析，业绩预告行为特征（及时性）能够迅速为投资者所感知，具有直接性，而业绩预告信息特征需要经过适度解读之后才能为投资者所吸收，具有一定的延迟性，因此，高管可能会相对比较重视业绩预告行为特征，高管经验对业绩预告及时性的影响作用比较明显。

表 4.7 　高管经验、高管持股对业绩预告特征的影响

	（1）Precision	（2）Precision	（3）Accuracy	（4）Accuracy	（5）Timeliness	（6）Timeliness
Dequity	−0.028 **		−0.069 ***		0.026 *	
	（−2.54）		（−3.66）		（1.70）	
Dequity×Tenure	−0.003		−0.013		0.086 ***	
	（−0.22）		（−0.55）		（3.40）	
Dequity×Age	0.022 *		0.003		−0.009	
	（1.92）		（0.17）		（−0.42）	
Equity		−0.001 ***		−0.003 ***		0.001 ***
		（−3.58）		（−8.68）		（2.97）
Equity×Tenure		0.000		0.001		0.002 ***

表4.7(续)

	(1) Precision	(2) Precision	(3) Accuracy	(4) Accuracy	(5) Timeliness	(6) Timeliness
		(1.58)		(1.53)		(2.84)
Equity×Age		0.000		−0.000		0.001***
		(0.14)		(−0.96)		(3.88)
Fcash	−0.311***	−0.313***	−0.519***	−0.529***	0.342**	0.370**
	(−4.43)	(−4.45)	(−4.93)	(−5.02)	(2.32)	(2.52)
Evolatility	−0.002***	−0.002***	−0.003***	−0.003***	−0.008***	−0.007***
	(−3.97)	(−3.79)	(−3.85)	(−3.59)	(−5.39)	(−5.30)
Eincrease	−0.066***	−0.067***	−0.027**	−0.030**	−0.011	−0.012
	(−8.40)	(−8.52)	(−2.14)	(−2.38)	(−0.74)	(−0.84)
MB	−0.000	−0.000	0.003**	0.003**	−0.006***	−0.006***
	(−0.27)	(−0.13)	(2.05)	(1.99)	(−3.74)	(−3.83)
Size	−0.042***	−0.045***	−0.053***	−0.059***	0.045***	0.050***
	(−7.62)	(−8.04)	(−6.12)	(−6.77)	(4.43)	(5.05)
Mvolatility	0.004	0.005	0.024	0.033**	0.033**	0.026*
	(0.42)	(0.59)	(1.55)	(2.14)	(2.17)	(1.74)
Age	−0.018*	−0.003	0.018	0.013	−0.002*	−0.023**
	(−1.68)	(−0.54)	(1.05)	(1.37)	(−1.71)	(−1.99)
Tenure	0.018	0.012	0.013	0.001	0.012*	0.059***
	(1.50)	(1.59)	(0.56)	(0.05)	(1.83)	(3.26)
Industry	Control	Control	Control	Control	Control	Control
Year	Control	Control	Control	Control	Control	Control
_cons	0.891***	0.909***	0.964***	1.035***	3.977***	3.900***
	(12.75)	(13.01)	(8.80)	(9.32)	(31.25)	(30.43)
N	7 332	7 332	7 332	7 332	7 332	7 332
r2_a	0.047	0.047	0.019	0.024	0.070	0.075
F	12.89	12.90	5.08	7.37	14.06	16.04

注：括号内为 t 统计量值；*、**、*** 分别表示在 10%、5% 和 1% 水平上显著。

（3）对第三个研究假设进行检验

①产权性质、高管持股对自愿业绩预告的影响

基于模型（Ⅰ）和（Ⅱ），通过增加变量产权性质（State）及其与高管持股（Dequity、Equity）的交乘项 Dequity×State、Equity×State 构建回归模型，分析产权性质、高管持股对公司自愿业绩预告的影响。为简化起见，省略与此相关的模型。我们进行回归分析，得出如表4.8所示结果。由回归结果可以看出，在方程（1）中，交乘项 Dequity × State 对业绩预告虚拟变量（Dperformance）的影响系数为负数，且在1%水平上显著，这表明，相对于非国有产权，国有产权抑制了高管持股对自愿业绩预告的激励效应。在方程（2）中，交乘项 Equity×State 对业绩预告虚拟变量（Dperformance）的影响系数为负数，且在10%水平上显著①，这表明，国有产权抑制了高管持股水平对自愿业绩预告的激励效应，相比之下，国企高管主动披露业绩预告的意愿降低，从而体现为高管自利动机。综合上述分析，研究假设 H3a 通过了检验。此外，在方程（1）和（2）中，产权性质（State）对业绩预告虚拟变量（Dperformance）的影响系数为负数，且在1%水平上显著，这表明，相对于非国有产权，国有产权对公司自愿业绩预告具有直接的抑制效应，符合现有文献的基本结论。

表4.8　产权性质、高管持股对自愿业绩预告的影响

	(1) Dperformance	(2) Dperformance
Dequity	1.078 ***	
	(13.22)	
Dequity×State	−0.890 ***	
	(−7.30)	
Equity		0.061 ***
		(21.56)
Equity×State		−0.506 *
		(−1.80)

①　相比之下，显著性水平降低可能主要源于国有企业中高管持股水平很低，在大样本下则显得更低，从而对回归结果产生重要影响。

表4.8(续)

	（1） Dperformance	（2） Dperformance
State	−0.777 ***	−1.146 ***
	（−7.29）	（−17.55）
Fcash	−2.443 ***	−1.666 ***
	（−4.90）	（−3.16）
Evolatility	0.036 ***	0.019 ***
	（5.79）	（3.21）
Eincrease	−0.139 ***	−0.077
	（−2.59）	（−1.34）
MB	0.037 ***	0.021 **
	（3.57）	（2.12）
Size	−0.375 ***	−0.318 ***
	（−11.12）	（−9.37）
Mvolatility	0.276 ***	0.198 **
	（3.29）	（2.07）
Tenure	0.228 ***	0.209 ***
	（5.96）	（5.18）
Age	−0.201 ***	−0.110 ***
	（−6.58）	（−3.35）
Industry	Control	Control
Year	Control	Control
_ cons	4.116 ***	3.586 ***
	（9.69）	（8.36）
N	10 000	10 000
Pseudo R2	0.276	0.357

注：括号内为 t 统计量值；*、**、*** 分别表示在 10%、5%和 1%水平上显著。

②产权性质、高管持股对业绩预告特征的影响

基于模型（Ⅲ）、（Ⅳ）、（Ⅴ）、（Ⅵ）、（Ⅶ）和（Ⅷ），通过增加产权性

质变量 State 及其与高管持股（Dequity、Equity）的交乘项 Dequity×State、Equity×State 构建回归模型，分析产权性质、高管持股对公司业绩预告特征的影响。为简化起见，省略与此相关的模型。我们进行回归分析，得出如表 4.9 所示结果。由回归结果可以看出，在方程（1）和（2）中，交乘项 Dequity×State 对精确性（Precision）和准确性（Accuracy）的影响系数均为正数，且在 1%水平上显著，这表明，相对于非国有产权，国有产权抑制了高管持股对业绩预告信息特征的激励效应，致使业绩预告的信息质量降低。在方程（4）和（5）中，交乘项 Equity×State 对精确性（Precision）的影响系数为正数且在 10%水平上显著，对准确性（Accuracy）的影响系数为正但不显著，（显著性水平降低同样是由于国有企业中高管持股水平很低所致），这说明，国有产权抑制了高管持股水平对业绩预告信息特征的激励效应。在方程（3）和（6）中，交乘项 Dequity×State 和 Equity×State 对及时性（Timeliness）的影响系数为正但都不显著，这说明，产权性质并不影响高管持股对业绩预告行为特征的激励效应，业绩预告的及时性并没显著变化。综合上述分析，相对于非国有产权，国有产权抑制了高管持股对业绩预告信息特征的激励效应，但并不影响高管持股对业绩预告行为特征的激励效应，研究假设 H3b 的主要部分通过了检验。上述检验结果没有完全验证研究假设，这可能与我国特殊制度背景下的国企治理机制、国企高管的管理特征、业绩预告实践等有关。

表 4.9 产权性质、高管持股对业绩预告特征的影响

	（1） Precision	（2） Accuracy	（3） Timeliness	（4） Precision	（5） Accuracy	（6） Timeliness
Dequity	−0.051***	−0.105***	0.008*			
	（−3.49）	（−4.34）	（1.71）			
Dequity×State	0.058***	0.117***	0.027			
	（2.59）	（3.09）	（0.69）			
Equity				−0.001***	−0.002***	0.001***
				（−2.79）	（−7.39）	（2.59）
Equity×State				0.001*	0.002	0.021
				（1.79）	（0.65）	（1.15）
State	−0.032*	0.003	−0.171***	0.005	0.067***	−0.162***
	（−1.65）	（0.08）	（−4.89）	（0.45）	（3.70）	（−7.83）
Fcash	−0.315***	−0.529***	0.358**	−0.314***	−0.538***	0.389***

表4.9(续)

	（1）Precision	（2）Accuracy	（3）Timeliness	（4）Precision	（5）Accuracy	（6）Timeliness
	(−4.48)	(−5.02)	(2.43)	(−4.47)	(−5.12)	(2.64)
Evolatility	−0.002***	−0.003***	−0.008***	−0.002***	−0.002***	−0.008***
	(−3.91)	(−3.43)	(−5.79)	(−3.78)	(−3.32)	(−5.75)
Eincrease	−0.066***	−0.027**	−0.009	−0.066***	−0.030**	−0.007
	(−8.41)	(−2.20)	(−0.64)	(−8.45)	(−2.38)	(−0.47)
MB	−0.000	0.003**	−0.007***	−0.000	0.003**	−0.007***
	(−0.34)	(2.09)	(−4.19)	(−0.08)	(2.17)	(−4.11)
Size	−0.043***	−0.057***	0.054***	−0.045***	−0.061***	0.052***
	(−7.76)	(−6.68)	(5.28)	(−8.11)	(−7.03)	(5.19)
Mvolatility	0.005	0.031**	0.023	0.005	0.035**	0.019
	(0.54)	(2.06)	(1.52)	(0.57)	(2.29)	(1.26)
Age	−0.002	0.010	0.006	−0.003	0.004	0.011
	(−0.50)	(1.41)	(0.66)	(−0.70)	(0.60)	(1.18)
Tenure	0.016**	0.008	0.066***	0.016**	0.009	0.066***
	(2.27)	(0.63)	(3.92)	(2.29)	(0.72)	(3.97)
Industry	Control	Control	Control	Control	Control	Control
Year	Control	Control	Control	Control	Control	Control
_cons	0.914***	1.026***	3.936***	0.911***	1.030***	3.943***
	(13.08)	(9.29)	(30.66)	(12.98)	(9.32)	(31.05)
N	7 332	7 332	7 332	7 332	7 332	7 332
r2_a	0.048	0.025	0.077	0.047	0.026	0.083
F	12.88	5.94	15.66	12.64	7.26	16.85

注：括号内为 t 统计量值；*、**、*** 分别表示在 10%、5% 和 1% 水平上显著。

（4）对第四个研究假设进行检验

①产品市场竞争、高管持股对自愿业绩预告的影响

为了检验产品市场竞争与高管持股对公司自愿业绩预告的交互影响，我们以赫芬达尔指数（HHI）的平均值为标准把全部样本划分为高竞争组和低竞争组，增加设置产品市场竞争变量 Competition，这是一个虚拟变量，其中，高竞争组定义 Competition = 1，低竞争组定义 Competition = 0。基于模型（Ⅰ）和

（Ⅱ），通过增加产品市场竞争变量（Competition）及其与高管持股（Dequity、Equity）的交乘项 Dequity×Competition、Equity×Competition 构建回归模型，分析产品市场竞争、高管持股对公司自愿业绩预告的影响。为简化起见，省略与此相关的模型。我们进行回归分析，得出如表 4.10 所示结果。由回归结果可以看出，在方程（1）中，交乘项 Dequity×Competition 对业绩预告虚拟变量（Dperformance）的影响系数不显著，这表明，在激烈的产品市场竞争条件下，相对于高管没有持有本公司股份来说，高管持股并没有提高公司自愿业绩预告的概率，也就是说，高管是否持股对自愿业绩预告的影响没有显著差别。这与我们的预期不同，可能的解释是，在激烈的产品市场竞争条件下，高管面临巨大的经营压力和融资需求，即使没有持有本公司股份，高管也会被迫采取积极的信息披露策略，主动对外提供业绩预告信息，从而与高管持股的激励效应没有明显差别。在方程（2）中，交乘项 Equity×Competition 对业绩预告虚拟变量（Dperformance）的影响系数为正数，且在 1% 水平上显著，这说明，产品市场竞争促进了高管持股水平对公司自愿业绩预告的激励效应，也就是说，在激烈的产品市场竞争条件下，随着高管持股水平的提升，高管自愿披露业绩预告的概率提高，从而在一定条件下验证了研究假设 H4a。

表 4.10　产品市场竞争、高管持股对自愿业绩预告的影响

	（1） Dperformance	（2） Dperformance
Dequity	0.957 ***	
	(6.07)	
Dequity×Competition	−0.021	
	(−0.12)	
Equity		0.053 ***
		(9.95)
Equity×Competition		0.033 ***
		(4.85)
Competition	0.388 *	0.157
	(1.85)	(1.01)
Fcash	−2.533 ***	−1.375 ***
	(−5.24)	(−2.70)

表4.10(续)

	（1） Dperformance	（2） Dperformance
Evolatility	0.051***	0.027***
	（7.27）	（4.46）
Eincrease	−0.174***	−0.101*
	（−3.38）	（−1.82）
MB	0.047***	0.033***
	（4.53）	（3.38）
Size	−0.462***	−0.354***
	（−14.33）	（−10.85）
Mvolatility	0.419***	0.240**
	（5.11）	（2.51）
Tenure	0.297***	0.241***
	（7.90）	（6.25）
Age	−0.399***	−0.234***
	（−13.64）	（−7.39）
Industry	Control	Control
Year	Control	Control
_ cons	4.347***	3.328***
	（10.03）	（7.74）
N	10 000	10 000
Pseudo R2	0.223	0.327

注：括号内为 t 统计量值；*、**、*** 分别表示在 10%、5%和 1%水平上显著。

②产品市场竞争、高管持股对业绩预告特征的影响

为了检验产品市场竞争与高管持股对业绩预告特征的交互影响，我们以赫芬达尔指数（HHI）的平均值为标准把全部样本划分为高竞争组和低竞争组。基于模型（Ⅲ）、（Ⅳ）、（Ⅴ）、（Ⅵ）、（Ⅶ）和（Ⅷ），我们分别进行回归分析，得出如表 4.11 所示结果。由回归结果可以看出，在高竞争组中的方程（1）、（3）和（5）中，高管持股虚拟变量（Dequity）对精确性（Precision）

和准确性（Accuracy）的影响系数为负数，且在 1% 水平上显著；高管持股虚拟变量（Dequity）对及时性（Timeliness）的影响系数为正数，且在 5% 水平上显著，这表明，在产品市场竞争程度较高的情况下，相对于高管未持有本公司股份来说，高管持股能够提高公司业绩预告信息特征质量（形式上的精确性和实质上的准确性）和及时性。在低竞争组中的方程（7）、（9）和（11）中，高管持股虚拟变量（Dequity）除了对准确性（Accuracy）的影响系数在 10% 水平上显著外，对精确性（Precision）和及时性（Timeliness）的影响系数都不显著，这说明，在产品市场竞争程度较低的情况下，相对于高管未持有本公司股份来说，高管持股对业绩预告信息特征和行为特征的激励效应并没有得到充分发挥。对比上述高竞争组和低竞争组的回归结果可以看出：在激烈的产品市场竞争条件下，相对于高管没有持有本公司股份来说，高管持股能够提高公司业绩预告特征的质量。

在高竞争组中的方程（2）、（4）和（6）中，高管持股水平（Equity）对精确性（Precision）和准确性（Accuracy）的影响系数为负数，且在 1% 水平上显著；高管持股水平（Equity）对及时性（Timeliness）的影响系数为正数，且在 1% 水平上显著，这表明，在产品市场竞争程度较高的情况下，高管持股水平能够提高公司业绩预告信息特征质量和及时性。在低竞争组中的方程（8）、（10）和（12）中，高管持股水平（Equity）除了对准确性（Accuracy）的影响系数在 5% 水平上显著外，对精确性（Precision）和及时性（Timeliness）的影响系数都不显著，这说明，在产品市场竞争程度较低的情况下，高管持股水平对业绩预告信息特征和行为特征的激励效应并没得到充分发挥。对比上述高竞争组和低竞争组的回归结果可以看出：在激烈的产品市场竞争条件下，随着高管持股水平的提升，公司业绩预告特征的质量提高。

综合上述分析，在激烈的产品市场竞争条件下，高管持股能够提高公司业绩预告特征的质量，即产品市场竞争促进了高管持股对业绩预告特征的激励效应。研究假设 H4b 通过了检验。

表 4.11　产品市场竞争、高管持股对业绩预告特征的影响

	高竞争组					
	（1）	（2）	（3）	（4）	（5）	（6）
	Precision	Precision	Accuracy	Accuracy	Timeliness	Timeliness
Dequity	-0.032***		-0.065***		0.043**	
	(-2.65)		(-3.24)		(1.99)	

表4.11(续)

	高竞争组					
	(1)	(2)	(3)	(4)	(5)	(6)
	Precision	Precision	Accuracy	Accuracy	Timeliness	Timeliness
Equity		-0.001^{***}		-0.002^{***}		0.002^{***}
		(-3.31)		(-8.21)		(6.54)
Fcash	-0.421^{***}	-0.424^{***}	-0.600^{***}	-0.615^{***}	0.552^{***}	0.570^{***}
	(-5.16)	(-5.19)	(-4.49)	(-4.61)	(3.26)	(3.38)
Evolatility	-0.002^{**}	-0.002^{**}	-0.002^{**}	-0.002^{**}	-0.008^{***}	-0.008^{***}
	(-2.34)	(-2.24)	(-2.20)	(-2.10)	(-5.08)	(-5.11)
Eincrease	-0.064^{***}	-0.065^{***}	-0.030^{**}	-0.033^{**}	-0.007	-0.004
	(-7.05)	(-7.15)	(-2.10)	(-2.32)	(-0.42)	(-0.24)
MB	0.001	0.001	0.005^{**}	0.005^{**}	-0.006^{***}	-0.006^{***}
	(0.66)	(0.75)	(2.28)	(2.24)	(-3.12)	(-3.00)
Size	-0.040^{***}	-0.043^{***}	-0.046^{***}	-0.052^{***}	0.033^{***}	0.039^{***}
	(-6.41)	(-6.82)	(-4.66)	(-5.31)	(3.03)	(3.55)
Mvolatility	0.002	0.004	0.002	0.010	0.032^{*}	0.023
	(0.17)	(0.35)	(0.14)	(0.81)	(1.92)	(1.33)
Age	-0.001	-0.003	0.026^{***}	0.015^{*}	-0.032^{***}	-0.020^{**}
	(-0.15)	(-0.62)	(3.28)	(1.89)	(-3.28)	(-2.00)
Tenure	0.013	0.014^{*}	0.001	0.005	0.089^{***}	0.085^{***}
	(1.61)	(1.65)	(0.10)	(0.32)	(4.72)	(4.51)
Industry	Control	Control	Control	Control	Control	Control
Year	Control	Control	Control	Control	Control	Control
_cons	0.878^{***}	0.898^{***}	0.899^{***}	0.966^{***}	4.119^{***}	4.052^{***}
	(10.93)	(11.14)	(6.99)	(7.46)	(29.36)	(28.88)
N	5 713	5 713	5 713	5 713	5 713	5 713
r2_a	0.051	0.051	0.019	0.024	0.065	0.070
F	21.06	20.94	4.85	7.42	15.55	17.29

	低竞争组					
	（7）	（8）	（9）	（10）	（11）	（12）
	Precision	Precision	Accuracy	Accuracy	Timeliness	Timeliness
Dequity	−0.017		−0.095*		0.068	
	（−0.71）		（−1.70）		（1.43）	
Equity		−0.000		−0.003**		0.001
		（−0.36）		（−2.44）		（1.03）
Fcash	0.034	0.033	−0.127	−0.132	−0.453	−0.450
	（0.26）	（0.25）	（−0.79）	（−0.82）	（−1.48）	（−1.47）
Evolatility	−0.003***	−0.003***	−0.005***	−0.004***	−0.006**	−0.006**
	（−4.11）	（−4.09）	（−4.09）	（−3.77）	（−2.21）	（−2.27）
Eincrease	−0.069***	−0.068***	−0.012	−0.013	−0.044	−0.045
	（−4.63）	（−4.63）	（−0.45）	（−0.46）	（−1.30）	（−1.35）
MB	−0.002*	−0.002*	−0.001	−0.001	−0.005*	−0.005*
	（−1.69）	（−1.65）	（−0.70）	（−0.77）	（−1.65）	（−1.70）
Size	−0.050***	−0.051***	−0.079***	−0.082***	0.088***	0.092***
	（−4.26）	（−4.41）	（−4.34）	（−4.31）	（3.60）	（3.77）
Mvolatility	0.006	0.006	0.103**	0.109**	0.042	0.041
	（0.43）	（0.43）	（2.14）	（2.27）	（1.32）	（1.30）
Age	0.001	0.001	0.002	−0.011	0.053***	0.055***
	（0.09）	（0.07）	（0.10）	（−0.61）	（2.79）	（2.75）
Tenure	0.021*	0.021*	0.013	0.017	0.034	0.034
	（1.68）	（1.66）	（0.54）	（0.68）	（0.99）	（1.00）
Industry	Control	Control	Control	Control	Control	Control
Year	Control	Control	Control	Control	Control	Control
_cons	0.974***	0.976***	1.385***	1.388***	3.412***	3.405***
	（6.71）	（6.73）	（5.51）	（5.46）	（10.79）	（10.74）
N	1 619	1 619	1 619	1 619	1 619	1 619
r2_a	0.041	0.041	0.036	0.040	0.065	0.064
F	4.34	4.33	3.05	3.42	3.86	3.72

注：括号内为 t 统计量值；*、**、*** 分别表示在 10%、5% 和 1% 水平上显著。

（5）对第五个研究假设进行检验

①高管持股、内部薪酬差距对自愿业绩预告的影响

基于模型（Ⅰ）和（Ⅱ），通过增加内部薪酬差距变量 Labgap1 和 Mgap1 构建回归模型，分析在股权激励和薪酬激励的共同作用下，高管持股、内部薪酬差距对公司自愿业绩预告的影响。为简化起见，省略与此相关的模型。我们进行回归分析，得出如表 4.12 所示结果。由回归结果可以看出，在模型中分别加入变量高管与员工之间的绝对薪酬差距（Labgap1）和高管内部绝对薪酬差距（Mgap1）后，解释变量高管持股虚拟变量（Dequity）和高管持股水平（Equity）的系数符号和显著性与表 4.4 中的估计结果基本一致，符合我们的预期，再次验证了高管持股对公司自愿业绩预告存在着激励效应。从表 4.12 中可以看出，在方程（1）和（2）中，变量高管与员工之间的绝对薪酬差距（Labgap1）对业绩预告虚拟变量（Dperformance）影响系数均为正数，且均在 1% 水平上显著，这表明，高管与员工之间的绝对薪酬差距与公司自愿业绩预告之间是正相关关系，薪酬差距越大，公司进行自愿业绩预告的概率越高。在方程（3）和（4）中，变量高管内部绝对薪酬差距（Mgap1）对业绩预告虚拟变量（Dperformance）影响系数均为正数，且均在 1% 水平上显著，这说明，高管内部绝对薪酬差距与公司自愿业绩预告之间是正相关关系，薪酬差距越大，公司进行自愿业绩预告的概率越高。综合上述分析，在股权激励和薪酬激励的共同作用下，内部薪酬差距对公司自愿业绩预告具有激励效应，能够促进公司自愿进行业绩预告行为。研究假设 H5a 通过了检验。

通过增加高管持股与高管内部绝对薪酬差距（Mgap1）及高管持股与高管内部相对薪酬差距（Mgap2）之间的交互项，进一步分析高管持股与内部薪酬差距之间的交互效应。在方程（1）、（2）、（3）和（4）中，交乘项 Labgap1×Dequity、Labgap1×Equity、Mgap1×Dequity 和 Mgap1×Equity 对业绩预告虚拟变量（Dperformance）的影响系数均为负数，且均在 1% 水平上显著，这表明，高管持股与内部薪酬差距对公司自愿业绩预告的影响表现为替代效应。该结论与 Holmstrom 和 Milgrom（1994）提出的激励工具之间互补性理论相矛盾，与国内学者（邵若和杨秀萍，2014）认为我国上市公司激励工具之间是替代关系的研究结论相一致，这很可能与我国资本市场的发展程度、高管持股水平较低（甚至存在大量的"零持股"现象）等有关。

表 4.12　高管持股、内部薪酬差距对自愿业绩预告的影响

	（1） Dperformance	（2） Dperformance	（3） Dperformance	（4） Dperformance
Dequity	1.864***		2.174***	
	（9.02）		（8.02）	
Labgap1	0.430***	0.268***		
	（6.27）	（7.16）		
Labgap1×Dequity	−0.346***			
	（−4.78）			
Labgap1×Equity		−0.018***		
		（−3.70）		
Equity		0.128***		0.135***
		（8.82）		（7.59）
Mgap1			0.510***	0.295***
			（6.98）	（7.23）
Mgap1×Dequity			−0.367***	
			（−4.72）	
Mgap1×Equity				−0.017***
				（−3.42）
Fcash	−2.722***	−1.597***	−2.842***	−1.645***
	（−5.49）	（−3.04）	（−5.95）	（−3.26）
Evolatility	0.051***	0.026***	0.044***	0.021***
	（7.16）	（4.25）	（6.87）	（3.68）
Eincrease	−0.177***	−0.109*	−0.175***	−0.102*
	（−3.35）	（−1.90）	（−3.41）	（−1.84）
MB	0.081***	0.062***	0.075***	0.055***
	（7.26）	（6.00）	（7.17）	（5.69）
Size	−0.447***	−0.374***	−0.424***	−0.338***
	（−12.42）	（−10.37）	（−12.48）	（−9.77）
Mvolatility	0.394***	0.211**	0.410***	0.232**
	（4.81）	（2.17）	（5.21）	（2.49）
Tenure	0.297***	0.239***	0.295***	0.233***

表4. 12(续)

	（1） Dperformance	（2） Dperformance	（3） Dperformance	（4） Dperformance
	（7. 46）	（5. 82）	（7. 75）	（5. 93）
Age	−0. 409 ***	−0. 237 ***	−0. 401 ***	−0. 235 ***
	（−13. 44）	（−7. 23）	（−13. 72）	（−7. 46）
Industry	Control	Control	Control	Control
Year	Control	Control	Control	Control
_ cons	3. 572 ***	3. 191 ***	2. 710 ***	2. 474 ***
	（7. 95）	（7. 40）	（6. 13）	（6. 07）
N	9 346	9 346	9 954	9 954
Pseudo R2	0. 219	0. 326	0. 219	0. 323

注：括号内为 t 统计量值；*、**、*** 分别表示在 10%、5% 和 1% 的水平上显著。

②高管持股、内部薪酬差距对业绩预告特征的影响

基于模型（Ⅲ）、（Ⅳ）、（Ⅴ）、（Ⅵ）、（Ⅶ）和（Ⅷ），通过增加变量高管与员工之间的绝对薪酬差距（Labgap1）、高管权力1（Mpower1）及交乘项 Labgap1×Mpower1 和高管内部绝对薪酬差距（Mgap1）、高管权力1（Mpower1）及交乘项 Mgap1×Mpower1 构建回归模型，分析在股权激励和薪酬激励的共同作用下，高管持股、内部薪酬差距对公司业绩预告特征的影响以及高管权力与内部薪酬差距的交互效应。为简化起见，省略与此相关的模型。我们进行回归分析，得出如表 4. 13 所示结果。由回归结果可以看出，在模型中分别加入变量高管与员工之间的绝对薪酬差距（Labgap1）、高管权力1（Mpower1）及交乘项 Labgap1 × Mpower1 和高管内部绝对薪酬差距（Mgap1）、高管权力1（Mpower1）及交乘项 Mgap1×Mpower1 后，解释变量高管持股虚拟变量（Dequity）和高管持股水平（Equity）的系数符号和显著性与表 4. 5 中的估计结果基本一致，符合我们的预期，再次验证了高管持股对公司业绩预告特征存在着激励效应，能够促进业绩预告信息质量提高，及时性增强。从表 4. 13 中可以看出，在方程（1）、（2）、（3）、（4）、（5）和（6）中，变量高管与员工之间的绝对薪酬差距（Labgap1）对精确性（Precision）的影响系数为正数但不显著；高管与员工之间的绝对薪酬差距（Labgap1）对准确性（Accuracy）的影响系数为负数，且在 1% 水平上显著；高管与员工之间的绝对薪酬差距（Labgap1）对及时性（Timeliness）的影响系数为正数，且在 1% 水平上显著，这表明，高管与员工之间的绝对薪酬差距与业绩预告的准确性和及时性是正相关关系，薪

酬差距越大，信息的准确性越高，及时性越强，但对业绩预告的精确性没有显著影响。在方程（7）、（8）、（9）、（10）、（11）和（12）中，变量高管内部绝对薪酬差距（Mgap1）对精确性（Precision）的影响系数为正数但不显著；高管内部绝对薪酬差距（Mgap1）对准确性（Accuracy）的影响系数为负数，且在1%水平上显著；高管内部绝对薪酬差距（Mgap1）对及时性（Timeliness）的影响系数为正数，且在1%水平上显著，这说明，高管内部绝对薪酬差距与业绩预告的准确性和及时性是正相关关系，薪酬差距越大，信息的准确性越高，及时性越强，但对业绩预告的精确性没有显著影响。综合上述分析，在股权激励和薪酬激励的共同作用下，内部薪酬差距对公司业绩预告的准确性和及时性特征具有激励效应，业绩预告信息的决策有用性增强，从而体现为高管协同动机，但内部薪酬差距对业绩预告的精确性没有显著影响，这可能与薪酬激励的短期性、业绩预告精确性重在形式等因素有关。研究假设 H5b 的主要部分通过了检验。

从表 4.13 中可以看出，在方程（1）至（6）中，交乘项 Labgap1 × Mpower1 对精确性（Precision）和准确性（Accuracy）的影响系数都不显著；交乘项 Labgap1×Mpower1 对及时性（Timeliness）的影响系数为正数，且在5%水平上显著，这表明，随着高管权力的增大，高管与员工之间的绝对薪酬差距对业绩预告精确性和准确性的激励效应并未发生显著变化，但使业绩预告及时性的激励效应得到增强。在方程（7）至（12）中，交乘项 Mgap1×Mpower1 对精确性（Precision）和准确性（Accuracy）的影响系数都不显著；交乘项 Mgap1×Mpower1 对及时性（Timeliness）的影响系数为正数，且在5%水平上显著，这表明，随着高管权力的增大，高管内部绝对薪酬差距对业绩预告精确性和准确性的激励效应并未发生显著变化，但使业绩预告及时性的激励效应得到增强。综合上述分析，对研究假设 H5c 和 H5d 的检验结果表明，在股权激励和薪酬激励的共同作用下，高管权力并不影响内部薪酬差距对公司业绩预告信息特征的激励效应，但却促进了内部薪酬差距对公司业绩预告行为特征的激励效应。实证结果表明，高管权力理论在我国业绩预告实践中具有独特表现，这可能与我国特殊的制度背景、市场经济的发展阶段、业绩预告制度的实施现状、证券监管机构对公司业绩预告行为的监管力度较弱、相对于财务报告来说业绩预告信息的市场效应较小、业绩预告及时性的市场反应比较直接等因素有关。

表 4.13　高管持股、内部薪酬差距对业绩预告特征的影响

	(1) Precision	(2) Precision	(3) Accuracy	(4) Accuracy	(5) Timeliness	(6) Timeliness	(7) Precision	(8) Precision	(9) Accuracy	(10) Accuracy	(11) Timeliness	(12) Timeliness
Dequity	-0.031***		-0.067***		0.026*		-0.031***		-0.077***		0.031*	
	(-2.69)		(-3.48)		(1.76)		(-2.82)		(-4.08)		(1.77)	
Labgap1	0.002	0.002	-0.034***	-0.033***	0.050***	0.049***						
	(0.30)	(0.31)	(-3.78)	(-3.71)	(4.95)	(4.84)						
Labgap1×Mpower1	-0.017	-0.019	0.002	-0.005	0.047**	0.054**						
	(-1.28)	(-1.39)	(0.10)	(-0.26)	(1.99)	(2.29)						
Equity		-0.001***		-0.002***		0.002***		-0.001***		-0.003***		0.002***
		(-3.49)		(-8.79)		(6.10)		(-3.32)		(-9.40)		(5.43)
Mgap1							0.008	0.009	-0.031***	-0.029***	0.064***	0.062***
							(1.36)	(1.39)	(-3.19)	(-3.05)	(5.24)	(5.15)
Mgap1×Mpower1							-0.008	-0.010	-0.010	-0.016	0.043**	0.049**
							(-0.58)	(-0.66)	(-0.45)	(-0.77)	(2.48)	(2.28)
Mpower1	0.051	0.052	0.026	0.044	-0.010	-0.035	0.033	0.034	0.062	0.082	-0.034	-0.057
	(1.29)	(1.33)	(0.45)	(0.78)	(-0.16)	(-0.51)	(0.65)	(0.66)	(0.81)	(1.08)	(-0.34)	(-0.57)
Fcash	-0.375***	-0.375***	-0.572***	-0.577***	0.329**	0.336**	-0.321***	-0.323***	-0.510***	-0.519***	0.321**	0.329**
	(-4.99)	(-4.99)	(-5.26)	(-5.31)	(2.15)	(2.21)	(-4.45)	(-4.47)	(-4.76)	(-4.86)	(2.16)	(2.21)
Evolatility	-0.002***	-0.002***	-0.002**	-0.002**	-0.007***	-0.007***	-0.002***	-0.002***	-0.003***	-0.003***	-0.007***	-0.007***
	(-3.08)	(-2.86)	(-2.63)	(-2.12)	(-4.39)	(-4.59)	(-3.90)	(-3.76)	(-3.62)	(-3.33)	(-4.80)	(-4.89)
Eincrease	-0.070***	-0.070***	-0.030**	-0.032***	-0.005	-0.003	-0.065***	-0.066***	-0.027**	-0.030**	-0.010	-0.008
	(-8.48)	(-8.56)	(-2.38)	(-2.59)	(-0.32)	(-0.18)	(-8.29)	(-8.37)	(-2.14)	(-2.37)	(-0.68)	(-0.54)

	(1) Precision	(2) Precision	(3) Accuracy	(4) Accuracy	(5) Timeliness	(6) Timeliness	(7) Precision	(8) Precision	(9) Accuracy	(10) Accuracy	(11) Timeliness	(12) Timeliness
MB	0.001	0.001	0.002	0.002	-0.007***	-0.007***	0.000	0.000	0.003*	0.003*	-0.006***	-0.005***
	(0.65)	(0.72)	(0.97)	(0.93)	(-3.58)	(-3.47)	(0.07)	(0.13)	(1.92)	(1.86)	(-3.28)	(-3.17)
Size	-0.046***	-0.048***	-0.036***	-0.042***	0.015	0.019*	-0.047***	-0.050***	-0.041***	-0.047***	0.010	0.013
	(-7.49)	(-7.83)	(-3.70)	(-4.28)	(1.34)	(1.70)	(-8.12)	(-8.49)	(-4.42)	(-5.10)	(0.87)	(1.21)
Mvolatility	0.000	0.002	0.009	0.017	0.047***	0.040**	0.003	0.005	0.018	0.026*	0.036**	0.030*
	(0.03)	(0.20)	(0.62)	(1.12)	(3.03)	(2.54)	(0.36)	(0.54)	(1.20)	(1.74)	(2.40)	(1.94)
Tenure	0.012	0.013	0.004	0.007	0.068***	0.065***	0.015**	0.015**	0.006	0.009	0.063***	0.060***
	(1.53)	(1.61)	(0.29)	(0.54)	(3.79)	(3.62)	(2.01)	(2.08)	(0.45)	(0.68)	(3.71)	(3.56)
Age	-0.000	-0.003	0.020***	0.009	-0.012	-0.001	-0.002	-0.004	0.018***	0.007	-0.016*	-0.007
	(-0.04)	(-0.51)	(2.79)	(1.16)	(-1.34)	(-0.06)	(-0.42)	(-0.83)	(2.59)	(0.99)	(-1.82)	(-0.73)
Industry	Control	Control	Control	Control	Control	Control	Control	Control	Control	Control	Control	Control
Year	Control	Control	Control	Control	Control	Control	Control	Control	Control	Control	Control	Control
_cons	0.945***	0.958***	0.839***	0.902***	4.211***	4.150***	0.934***	0.946***	0.918***	0.980***	4.197***	4.148***
	(12.70)	(12.89)	(7.18)	(7.69)	(31.17)	(30.53)	(13.35)	(13.53)	(8.25)	(8.76)	(32.33)	(31.80)
N	6 635	6 635	6 635	6 635	6 635	6 635	7 212	7 212	7 212	7 212	7 212	7 212
r2_a	0.049	0.049	0.019	0.025	0.080	0.084	0.048	0.048	0.020	0.026	0.076	0.078
F	12.10	12.26	4.91	6.58	15.98	16.89	12.49	12.59	5.09	7.03	15.47	16.01

注：括号内为 t 统计量值；*、**、*** 分别表示在 10%、5% 和 1% 水平上显著。

（6）进一步分析

在我国上市公司的业绩预告中，预告类型主要有9类：略增、预增、续盈、扭亏、略减、预减、首亏、续亏、不确定。根据张馨艺等（2012）、李晶（2014）的研究方法，按照业绩预告类型的性质，我们进一步将样本分为好信息组和坏信息组，好信息组包括略增、预增、续盈、扭亏四种类型，坏信息组包括略减、预减、首亏、续亏、不确定五种类型。现有研究表明，好信息和坏信息的市场反应不同，坏信息的市场反应更加激烈（童驯，2003；林江辉，2003）。Skinner（1994）、Kothari等（2007）研究认为，高管对坏信息和好信息盈利预测的精确性、准确性和及时性的披露策略是不一样的，这可能与其面临的不对称损失函数有关。由此可见，高管在披露业绩预告时，基于对风险与收益、个人利益与股东利益之间的权衡考虑，对好信息和坏信息会采取不同的披露策略，为此，我们增加设置信息性质变量 New（坏信息定义为1，好信息定义为0）。基于模型（Ⅲ）、（Ⅳ）、（Ⅴ）、（Ⅵ）、（Ⅶ）和（Ⅷ），通过增加信息性质变量 New 及其与高管持股（Dequity、Equity）的交乘项 Dequity×New 和 Equity×New 构建回归模型，分析信息性质、高管持股对公司业绩预告特征的影响。为简化起见，省略与此相关的模型。我们进行回归分析，得出如表 4.14 所示结果。

由回归结果可以看出，在方程（1）和（3）中，交乘项 Dequity×New 对精确性（Precision）和准确性（Accuracy）的影响系数均为正数，且分别在1%和5%水平上显著，这表明，相对而言，坏消息抑制了高管持股对业绩预告精确性和准确性的激励效应，坏信息业绩预告的信息质量降低。在方程（2）和（4）中，交乘项 Equity×New 对精确性（Precision）和准确性（Accuracy）的影响系数均为正数，且均在1%水平上显著，这表明，相对而言，坏消息抑制了高管持股水平对业绩预告精确性和准确性的激励效应，也就是说，随着高管持股水平的提升，公司披露的坏信息业绩预告的信息质量降低。在方程（5）和（6）中，交乘项 Dequity×New 和 Equity×New 对及时性（Timeliness）的影响系数为正但都不显著，这说明，相对而言，坏消息并不影响高管持股对业绩预告及时性的激励效应，也就是说，在高管持股条件下，不同信息性质业绩预告披露的及时性并没有显著差别。综合上述分析，相对而言，坏信息抑制了高管持股对业绩预告信息特征的激励效应，但对业绩预告行为特征的激励效应并没太大影响，这在很大程度上导致坏信息业绩预告的信息质量降低，坏信息没有得到充分披露。对此可能的解释是，基于自身利益的考虑，高管有动机模糊坏信息的披露内容和形式，使业绩预告信息偏离实际状况，粉饰和掩盖不利的坏信息，从而避免引起不利的市场波动。

表 4.14　信息性质、高管持股对业绩预告特征的影响

	（1） Precision	（2） Precision	（3） Accuracy	（4） Accuracy	（5） Timeliness	（6） Timeliness
Dequity	−0.074 ***		−0.094 ***		0.016 *	
	（−5.86）		（−4.11）		（1.75）	
Dequity×New	0.119 ***		0.069 *		0.046	
	（5.47）		（1.90）		（1.22）	
Equity		−0.001 ***		−0.003 ***		0.001 ***
		（−7.60）		（−10.04）		（3.46）
Equity×New		0.003 ***		0.002 ***		0.001
		（7.39）		（2.81）		（0.97）
New	0.035 *	0.082 ***	0.091 **	0.111 ***	−0.230 ***	−0.195 ***
	（1.73）	（6.93）	（2.53）	（4.96）	（−6.24）	（−8.21）
Fcash	−0.259 ***	−0.262 ***	−0.452 ***	−0.467 ***	0.239	0.252 *
	（−3.70）	（−3.76）	（−4.34）	（−4.51）	（1.61）	（1.70）
Evolatility	−0.003 ***	−0.003 ***	−0.004 ***	−0.003 ***	−0.007 ***	−0.007 ***
	（−4.99）	（−4.89）	（−4.75）	（−4.47）	（−4.62）	（−4.72）
Eincrease	0.010	0.006	0.061 ***	0.051 ***	−0.132 ***	−0.125 ***
	（1.39）	（0.88）	（3.98）	（3.29）	（−7.16）	（−6.73）
MB	0.000	0.000	0.004 **	0.003 **	−0.006 ***	−0.006 ***
	（0.14）	（0.31）	（2.18）	（2.13）	（−3.85）	（−3.77）
Size	−0.031 ***	−0.032 ***	−0.040 ***	−0.046 ***	0.029 ***	0.033 ***
	（−5.55）	（−5.63）	（−4.53）	（−5.08）	（2.85）	（3.27）
Mvolatility	0.006	0.005	0.027 *	0.033 **	0.030 **	0.024
	（0.75）	（0.61）	（1.75）	（2.13）	（1.97）	（1.56）
Age	−0.005	−0.005	0.016 **	0.007	−0.004	0.003
	（−1.00）	（−1.06）	（2.26）	（0.96）	（−0.49）	（0.37）
Tenure	0.016 **	0.016 **	0.004	0.007	0.072 ***	0.069 ***
	（2.29）	（2.30）	（0.35）	（0.56）	（4.32）	（4.20）
Industry	Control	Control	Control	Industry	Control	Control
Year	Control	Control	Control	Year	Control	Control
_ cons	0.706 ***	0.676 ***	0.735 ***	0.783 ***	4.320 ***	4.251 ***
	（9.74）	（9.30）	（6.15）	（6.56）	（33.53）	（32.76）

表4.14(续)

	（1） Precision	（2） Precision	（3） Accuracy	（4） Accuracy	（5） Timeliness	（6） Timeliness
N	7 332	7 332	7 332	7 332	7 332	7 332
r2_ a	0.071	0.073	0.029	0.033	0.080	0.082
F	16.01	17.19	7.08	11.82	16.64	17.29

注：括号内为 t 统计量值；*、**、*** 分别表示在 10%、5% 和 1% 水平上显著。

4.5　稳健性检验

为了增强研究结论的可靠性，我们对上述研究结果进行如下的稳健性测试。

（1）我们分别用高管持股价值、董事长持股数量、董事长持股价值、总经理持股数量、总经理持股价值替换解释变量高管持股虚拟变量（Dequity）和高管持股水平（Equity），然后重新进行上述回归分析，除个别系数及显著性水平有所变化外，回归结果基本支持本章结论。

（2）考虑到高管持股与公司业绩预告行为之间可能存在内生性问题，我们采用两阶段最小二乘法 2SLS 进行稳健性检验。借鉴高敬忠等（2011）的研究方法构建模型对高管持股变量进行估计：

$$Equity = \beta_0 + \beta_1 Size + \beta_2 MB + \beta_3 Evolatility + \beta_4 EPS + \beta_5 Lev + \beta_6 Beta + \beta_7 Turn$$
$$+ \beta_8 Return + \varepsilon$$

其中，Equity 表示高管持股水平，EPS 表示每股收益，Lev 表示资产负债率，Beta 表示市场风险系数，Turn 表示股票换手率，Return 表示股票回报率，其他变量含义如前所述。

然后利用上述估计结果作为高管持股的替代变量，重新进行本章的多元回归分析，主要解释变量的影响系数和显著性没有发生根本变化，与本章主要结论基本一致。

（3）对于可能存在的样本选择偏误和内生性问题，本章采用 Rosenbaum 和 Rubin（1983）提出的倾向评分配比法（propensity score matching，PSM）来进行检验，最近文献多采用这种方法构造对照组解决样本选择偏误和内生性问题（Armstrong 等，2010）。其基本思想在于，在评价某个事件的影响时，如果能找到与处理组尽可能相似的控制组，那么样本选择偏误就可以大大降低。

首先，我们对本章的主要模型综合运用三种匹配方法（最近邻匹配、半径匹配和核匹配）分别进行检验，通过观察 ATT 值的大小和显著性水平来分析高管持股是否对公司业绩预告行为存在激励效应，主要结果见表 4.15。表 4.15 的结果显示，就最近邻匹配的实证结果来看，匹配后激励组的业绩预告虚拟变量（Dperformance）均值为 0.451 160，控制组的业绩预告虚拟变量（Dperformance）均值为 0.255 523，ATT 值为 0.195 637，且在 1%水平上显著，表明在控制了公司其他主要特征的影响之后，高管持股的确能显著提高公司自愿业绩预告的披露概率，提高了 76.56%。匹配后激励组的精确性（Precision）和准确性（Accuracy）均值分别为 0.265 193 和 0.219 438，控制组的精确性（Precision）和准确性（Accuracy）均值分别为 0.308 308 和 0.304 985，ATT 值分别为-0.043 115 和-0.085 547，且分别在 5%和 1%水平上显著，表明在控制了公司其他主要特征的影响之后，高管持股的确能显著提高公司业绩预告信息特征（精确性和准确性）的质量。匹配后激励组的及时性（Timeliness）均值为 4.468 709，控制组的及时性（Timeliness）均值为 4.383 798，ATT 值为 0.084 911，且在 1%水平上显著，表明在控制了公司其他主要特征的影响之后，高管持股的确能显著提高公司业绩预告行为特征（及时性）的水平。半径匹配与核匹配的实证结果与最近邻匹配的实证结果基本一致。综合上述分析，高管持股对公司业绩预告行为具有显著的激励效应，支持本章研究结论。

其次，本章进一步按不同标准（高管经验、产权性质、产品市场竞争、信息性质）对样本进行分组，运用三种匹配方法（最近邻匹配、半径匹配和核匹配）进行 PSM 检验，进而比较分析不同条件下高管持股对公司业绩预告行为的平均激励效应（ATT 值）差别，结果如表 4.15 所示，其中"匹配前"指未实施倾向得分配对前的样本，"匹配后"分别指进行最近邻匹配、半径匹配、核匹配后的样本；"激励组"和"控制组"分别表示实施和未实施股权激励（高管持股）的公司；控制组与激励组之间的差别（ATT 值）服从 t 分布。检验结果与本章相关研究结论基本一致。

表 4.15　PSM 的平均激励效应

变量名称	样本	激励组	控制组	ATT	标准误	T 值
最近邻匹配（1：1匹配）						
Dperformance	匹配前	0.451 160	0.223 208	0.227 952	0.010 582	21.54 ***
	匹配后	0.451 160	0.255 523	0.195 637	0.013 505	14.49 ***

表4.15(续)

变量名称	样本	激励组	控制组	ATT	标准误	T 值
Precision	匹配前	0.265 193	0.284 915	-0.019 722	0.009 467	-2.08**
	匹配后	0.265 193	0.308 308	-0.043 115	0.017 543	-2.46**
Accuracy	匹配前	0.219 438	0.318 382	-0.098 944	0.014 952	-6.62***
	匹配后	0.219 438	0.304 985	-0.085 547	0.028 671	-2.98***
Timeliness	匹配前	4.468 709	4.361 818	0.106 891	0.017 299	6.18***
	匹配后	4.468 709	4.383 798	0.084 911	0.022 814	3.72***
半径匹配（匹配半径为0.005）						
Dperformance	匹配前	0.451 160	0.223 208	0.227 952	0.010 582	21.54***
	匹配后	0.449 791	0.253 629	0.196 162	0.010 871	18.04***
Precision	匹配前	0.265 193	0.284 915	-0.019 722	0.009 467	-2.08**
	匹配后	0.265 903	0.292 886	-0.026 984	0.013 212	-2.04**
Accuracy	匹配前	0.219 438	0.318 382	-0.098 944	0.014 952	-6.62***
	匹配后	0.219 754	0.297 142	-0.077 388	0.022 144	-3.49***
Timeliness	匹配前	4.478 801	4.359 056	0.119 745	0.018 021	6.64***
	匹配后	4.478 963	4.413 009	0.065 954	0.023 376	2.82***
核匹配（宽带系数为0.01）						
Dperformance	匹配前	0.451 160	0.223 208	0.227 952	0.010 582	21.54***
	匹配后	0.451 160	0.249 289	0.201 871	0.010 465	19.29***
Precision	匹配前	0.265 193	0.284 915	-0.019 722	0.009 467	-2.08**
	匹配后	0.265 193	0.293 491	-0.028 298	0.012 466	-2.27**
Accuracy	匹配前	0.219 438	0.318 382	-0.098 944	0.014 952	-6.62***
	匹配后	0.219 438	0.298 982	-0.079 544	0.020 890	-3.81***
Timeliness	匹配前	4.478 801	4.359 056	0.119 745	0.018 021	6.64***
	匹配后	4.478 801	4.408 181	0.070 619	0.022 215	3.18***

注：①"匹配前"指未实施倾向得分配对前的样本，"匹配后"分别指进行最近邻匹配、半径匹配、核匹配后的样本；②"激励组"和"控制组"分别表示实施和未实施股权激励（高管持股）的公司；③*、**、***分别表示在10%、5%和1%水平上显著；④控制组与激励组之间的差别（ATT 值）服从 t 分布。

（4）针对第四个研究假设的稳健性检验。借鉴现有文献的研究方法，以行业内公司数目的对数（lnN）衡量产品市场竞争，lnN 数值越大，同一行业内公司数目越多，产品市场竞争就越激烈；运用公司总资产替代主营业务收入重新计算赫芬达尔指数 HHI；以 HHI 的中位数标准替代平均值标准对全部样本分组，重新划分为高竞争组和低竞争组；由于使用当期产品市场竞争数据检验对高管持股激励效应的影响，可能会产生内生性问题，因此，采用前一期的 HHI 数据进行稳健性检验。按上述方法重新进行回归分析，相关研究结论依然成立。

（5）针对第五个研究假设的稳健性检验。我们把解释变量高管与员工之间的绝对薪酬差距（Labgap1）替换成高管与员工之间的相对薪酬差距（Labgap2）；把高管内部绝对薪酬差距（Mgap1）替换成高管内部相对薪酬差距（Mgap2）；把高管权力 1（Mpower1）替换成高管权力 2（Mpower2）；运用董事前三名薪酬总额替换高管前三名薪酬总额重新计算高管内部薪酬绝对差距（Mgap1）和相对差距（Mgap2），然后重新进行上述回归分析，回归结果本质上不影响本章结论。

（6）对本章的所有 Logit 模型重新进行 Probit 检验，两者的回归结果高度一致，支持相关研究结论。

通过以上的稳健性测试，我们认为本章的实证结论是相对稳健的。

4.6 结论

本章主要研究我国上市公司高管持股对公司业绩预告行为的影响，辅之以高管经验、产权性质、产品市场竞争、高管权力、薪酬激励、信息性质等密切相关变量，构筑了一个相对比较完备的研究体系。通过理论分析和实证检验，我们发现，高管持股对公司业绩预告行为具有激励效应；不同辅助变量对高管持股激励效应的影响呈现出不同的特点。

具体来说，有以下几个方面的结论：

（1）高管持股对自愿业绩预告具有激励效应，能够促进公司自愿进行业绩预告行为；高管持股对业绩预告特征具有激励效应，能够提高业绩预告形式上的精确性和实质上的准确性，增强及时性，增强信息的决策有用性，从而体现为高管协同动机。

（2）高管经验并不影响高管持股对自愿业绩预告的激励效应，但高管年龄可能会弱化这种效应；高管经验并不影响高管持股对业绩预告信息特征的激励效应，但促进了高管持股对业绩预告行为特征的激励效应，其中，高管年龄可能会弱化高管持股对业绩预告精确性特征的效应。上述研究结论是"高层梯队理论"在我国上市公司业绩预告实践中的具体体现。

（3）相对于非国有产权，国有产权抑制了高管持股对自愿业绩预告的激励效应，国企高管主动披露业绩预告的意愿降低；相对于非国有产权，国有产权抑制了高管持股对业绩预告信息特征的激励效应，致使业绩预告的信息质量降低，但并不影响高管持股对业绩预告行为特征的激励效应，业绩预告的及时性并没显著变化。上述研究结论是"产权理论"在我国上市公司业绩预告实践中的具体体现。

（4）在激烈的产品市场竞争条件下，高管是否持股对公司自愿业绩预告的影响没有显著差别，但随着高管持股水平的提升，高管自愿披露业绩预告的概率提高；在激烈的产品市场竞争条件下，高管持股能够提高公司业绩预告信息特征质量和行为特征质量，使得业绩预告信息质量提高，及时性增强。上述研究结论是"现代竞争理论"在我国上市公司业绩预告实践中的具体体现。

（5）在股权激励和薪酬激励的共同作用下，内部薪酬差距对公司自愿业绩预告具有激励效应，能够促进公司自愿进行业绩预告行为；内部薪酬差距对公司业绩预告的准确性和及时性特征具有激励效应，业绩预告信息的决策有用性增强，从而体现为高管协同动机，但是，内部薪酬差距对业绩预告精确性没有显著影响；高管权力并不影响内部薪酬差距对业绩预告信息特征的激励效应，但却促进了内部薪酬差距对业绩预告行为特征的激励效应。上述研究结论是"高管权力理论"在我国上市公司业绩预告实践中的具体体现。

（6）相对好信息而言，坏信息抑制了高管持股对业绩预告信息特征的激励效应，但对业绩预告行为特征的激励效应并没有太大影响，这在很大程度上导致坏信息业绩预告的信息质量降低，坏信息没有得到充分披露。上述实证结论基本符合预期，提供了高管对不同性质信息进行选择性披露的经验证据。

本章实证结果表明，"高层梯队理论""产权理论""现代竞争理论"和"高管权力理论"在我国上市公司业绩预告实践中具有独特表现，对其制度背景、运行机理、发展趋势等进行深入研究可能是未来的一个研究方向。

5 实施股权激励计划对公司业绩预告行为的影响

5.1 引言

从 20 世纪 80 年代开始，股权激励计划在美国首度实行并在全球范围内迅速蔓延。股权激励计划（Equity Incentive Plans）是上市公司运用虚拟资本（限制性股票、股票期权、股票增值权等）对公司高管进行的长期性激励制度，即通过奖励高管一定的公司股权，使其以股东和管理者的双重身份参与公司生产经营管理，同享利润，共担风险，充分挖掘其内在潜能，调动他们工作的积极性和创造性，增强公司的凝聚力和核心竞争力，从而在一定程度上缓解和消除短期行为，为公司创造更多价值，实现股东利益的最大化。股权激励计划作为一种重要的薪酬制度设计，日益成为高管激励的重要形式。国内外学者对实施股权激励计划的激励效应进行了深入研究，取得了丰富的研究成果。Yermack（1995）、Hall 和 Liebman（1998）、Murphy（1999）、Lazear（2004）、Kang（2006）以及国内学者罗富碧等（2008）、吕长江等（2009）、吕长江和张海平（2011）、宗文龙等（2013）等研究表明，实施股权激励计划对公司高管具有正向激励效应，促进了经济效益的提高和公司价值的提升。

纵观国内外研究文献，主要是围绕实施股权激励计划对公司投资行为和公司价值的影响关系展开研究，鲜有将实施股权激励计划的激励效应研究延伸至公司信息披露领域，特别是公司业绩预告领域。业绩预告是指公司高管在定期财务报告正式披露之前发布的预期盈利信息，旨在为股东提供及时有效的决策信息，降低公司管理层与股东之间的信息不对称和委托代理成本，维护资本市场的健康稳定发展，是公司信息披露制度的重要组成部分。那么，具有正向激励效应的股权激励计划对公司业绩预告行为有影响吗？这种影响是促进公司自愿业绩预告还是起到抑制作用？实施股权激励计划能否提高业绩预告信息质量和及时性？现有文献中还没有直接探讨上市公司实施股权激励计划对业绩预告行为影响的研究，本章欲在此方面进行尝试，把公司业绩预告行为细化为自愿业绩预告和业绩预告特征两部分，并且运用"三性"（精确性、准确性、及时性）来刻画公司业绩预告特征，深入研究实施股权激励计划对公司业绩预告行为的影响，辅之以滞后效应分析和不同股权激励方式影响差异分析，拓展了相关研究内容、丰富了相关研究结论，以期为上市公司强化管理和证券监管机构加强监管提供有益参考。

本章选择2006—2015年沪、深两市A股公司的年度数据作为样本，以实施股权激励计划作为高管股权激励的替代变量，研究分析实施股权激励计划对公司业绩预告行为的影响。研究发现，实施股权激励计划对公司自愿业绩预告和业绩预告信息特征具有显著的激励效应，促使公司自愿披露业绩预告，并且披露的业绩预告信息质量提高，但及时性并未增强，因此，实施股权激励计划能够为股东和市场提供高质量的决策信息，降低公司管理层与股东之间的信息不对称，在一定程度上缓解公司信息披露中的代理问题，促进资本市场的健康良性发展。

本章的结构安排如下：第二部分进行文献回顾，提出研究假设。第三部分进行研究设计，包括样本选择和数据来源、变量定义和模型设计。第四部分是实证研究，包括描述性统计分析、回归分析。第五部分进行稳健性检验。第六部分得出本章的研究结论及研究意义。

5.2 理论分析和研究假设

根据委托代理理论（Jensen & Meckling，1976；Grossman & Hart，1982；Fama & Jenson，1983；Jensen，1986），股东与高管的目标效用函数不一样，股东追求的是自身财富最大化，而高管追求的是薪金报酬、在职消费和闲暇时间的最大化，这必然会导致两者之间的利益矛盾，在缺乏有效制度安排下高管的行为很可能最终损害股东利益，从而产生"道德风险"和"逆向选择"问题。作为对委托代理理论的深化，管理防御假说（Morck et al. 1988；Walsh & Seward，1990）认为，高管在公司内、外部控制机制下，选择有利于巩固自身职位并追求自身效用最大化的行为；随着高管在公司中的地位愈加稳固，其很可能为了自身利益追求非公司价值最大化目标，从而对公司价值产生负面影响。

股权激励计划作为一项重要的制度安排，通过高管持有本公司股权的形式使其享受股权的增值收益，并承担相应的风险，从而把高管利益与股东利益紧密地联系在一起。有效的股权激励计划能够促使高管为了股东利益而努力工作，同时按照契约获得相应回报，有效缓解两者之间的目标异向和利益矛盾，能够在一定程度上降低委托代理成本和信息不对称程度，从而产生利益趋同效应和高管协同动机。Jensen 和 Meckling（1976）提出的利益趋同假说认为，随着持股比例的增加，高管与股东之间的利益会趋于一致，高管行为偏离股东利益最大化的倾向就会减轻，委托代理问题将会得以缓解。

股权激励计划和高管持股虽然存在一定差别，但其本质都属于长期股权激励形式（详见第 3 章分析），因此，在股权激励计划条件下，利益趋同效应和高管协同动机同样体现为基于资本市场股票价值的高管物质利益与股东物质利益的一致性，高管存在着通过采取积极的信息披露策略降低资本成本、提升公司股价的内在动机。高管控制着公司业绩预告行为，业绩预告信息的市场有效性越强，越能为市场和投资者理解、吸收和应用，从而树立公司良好的市场信誉，有利于相关利益各方对公司股票价值的积极评判，促进公司股票价格的正向提升。Nagar 等（2003）认为公司高管股权回报比例越高，所持有的股票价值越大，盈利预测信息披露越频繁，以避免公司股价被市场所低估。Scheetz 和 Wall（2014）对 2012 年的公司盈利预测数据进行截面分析，发现 CFO 的股权回报和盈利指标之间存在正相关关系。

根据上述理论分析和文献回顾[①]，实施股权激励计划能够提高公司的经营绩效和经济价值，促使公司高管采取积极的信息披露策略。因此，我们预期，实施股权激励计划会对公司业绩预告行为产生显著影响，促进公司披露自愿业绩预告，提高业绩预告信息质量和披露及时性，从而降低高管和股东之间的信息不对称，在一定程度上缓解信息披露中的代理问题。

基于上述分析，我们提出第一个研究假设：

研究假设 H1：实施股权激励计划对自愿业绩预告具有激励效应，能够促

---

① 实施股权激励计划与高管持股同属长期股权激励形式，都是基于委托代理理论进行理论分析，但两者之间还是存在较大差别，其依据的相关研究文献还是有所不同。

进公司自愿进行业绩预告行为。

业绩预告制度是我国资本市场不断发展的产物，在资本市场中具有十分重要的作用，是传统的以财务报告为核心的信息披露制度的有益补充和进一步发展。在我国上市公司的业绩预告实践中，披露方式主要有四种：定性预告、开区间预告、闭区间预告、点值预告。定性预告披露方式只做一般描述，如业绩预增、略增、预减、略减等，并不做具体的定量说明；开区间预告披露方式只披露业绩增减的上限或下限；闭区间预告披露方式是既披露业绩增减的上限，又披露业绩增减的下限；点值预告披露方式只披露一个业绩数值。由于定性预告和开区间预告反映的信息过于笼统，我们在此不予考虑，主要考虑反映信息比较精确的闭区间预告（其中，点值预告可以看作是区间宽度为零的特殊形式）。在我国业绩预告制度下，上市公司可以自由选择业绩预告披露方式和业绩预告闭区间的宽度大小，在业绩预告形式上具有较大的裁量权。由于业绩预告是公司的预测盈利信息，业绩预告信息与公司实际经营状况之间就可能会存在偏差，而这种偏差具有实质上的意义。按照规定，我国的年度业绩预告于下一年度 1 月 31 日之前披露，在合规的前提下公司可以自由选择业绩预告的发布时间。根据我们之前的理论分析和预期：实施股权激励计划能够提高业绩预告信息质量，增强披露的及时性，那么，实施股权激励计划对业绩预告形式上的精确性、实质上的准确性和及时性都将产生积极影响。（承接前文，本书把精确性和准确性称为业绩预告信息特征，把及时性称为业绩预告行为特征，合并称为业绩预告特征）

基于以上分析，我们提出第二个研究假设：

研究假设 H2：实施股权激励计划对公司业绩预告特征具有激励效应，能够促使公司披露的业绩预告信息质量提高，及时性增强。

研究假设 H2 具体又分为以下两个子假设：

研究假设 H2a：实施股权激励计划对业绩预告信息特征具有激励效应，能够促进业绩预告信息质量提高。

研究假设 H2b：实施股权激励计划对业绩预告行为特征具有激励效应，能够促进业绩预告的及时性增强。

5.3　研究设计

5.3.1　样本选择和数据来源

本章主要研究我国上市公司实施股权激励计划对公司业绩预告行为的影响。我国的股权激励自 2006 年《上市公司股权激励管理办法（试行）》颁布后正式实施，因此，我们选择 2006—2015 年沪、深两市 A 股公司的年度数据作为样本。依据一定筛选标准经过层层剔除，共获得 7 332 个有效的公司-年度观测样本。原始数据主要来自 WIND（万得）数据库和 CSMAR（国泰安）数据库，并经过手工整理和计算后形成研究所需数据。运用 STATA12.0 统计软件对数据进行分析。为排除离群值的影响，我们对所有连续变量进行 1%和 99%的 winsorize 处理。

5.3.2　变量定义

公司业绩预告行为指的就是公司业绩预告的披露行为，可细化为自愿业绩预告和业绩预告特征两部分。自愿业绩预告是指在不存在外部强制力的条件下，公司自愿披露业绩预告的行为，为此设置自愿业绩预告虚拟变量 Dperformance，样本期间自愿披露业绩预告的取值为 1，否则为 0。

根据高敬忠等（2011）、王玉涛和王彦超（2012）、马连福等（2013）的研究文献，我们用"三性"来刻画公司业绩预告特征：精确性、准确性、及时性。其中，用精确性和准确性来刻画业绩预告信息特征，用及时性来刻画业绩预告行为特征。

本章对精确性（Precision）、准确性（Accuracy）和及时性（Timeliness）的界定参照第 4 章变量定义，此处不再赘述。

借鉴宗文龙等（2013）的研究方法，把解释变量设计为 Dequity_plan 和 Dequity_type，其中，Dequity_plan 为虚拟解释变量，样本期间进行股权激励的，Dequity_plan = 1，否则为 0；在进一步分析中，又增加设置虚拟变量 Dequity_type，采用股票期权激励方式的 Dequity_type = 1，采用限制性股票激励方式的 Dequity_type = 0。

同时，我们还设置了连续型解释变量 Equity_plan，用激励股份总数占当时公司总股本的比例来衡量，反映股权激励水平。

参考现有文献，我们还控制了相关变量，具体的变量定义见表 5.1。

表 5.1　变量定义及计算方法

	变量符号	变量名称	变量定义
被解释变量	Dperformance	业绩预告虚拟变量	样本期间自愿进行业绩预告的为1，否则为0
	Precision	业绩预告信息形式上的精确性	业绩预告信息形式上的精确性，见第4章公式（1）
	Accuracy	业绩预告信息实质上的准确性	业绩预告信息实质上的准确性，见第4章公式（2）
	Timeliness	业绩预告的及时性	业绩预告日至财务报告日之间的时间间隔，取对数
解释变量	Dequity_ plan	股权激励虚拟变量	样本期间进行股权激励的为1，否则为0
	Equity_ plan	股权激励水平	激励股份总数占当时总股本的比例×100
	Dequity_ type	股权激励方式	采用股票期权激励方式的为1，否则为0
控制变量	Fcash	公司自由现金流	（经营活动现金净流量−股息）÷总资产
	Evolatility	盈余波动性	用前五期ROA的标准差度量
	Eincrease	盈余增长性	本期盈余高于上期盈余取1，否则为0
	MB	市净率	市净率＝每股市价÷每股净资产
	Size	公司规模	用公司市值的自然对数衡量
	Mvolatility	市场波动性	利用市场模型回归之后的残差来度量
	Tenure	高管任职年限	高管任职期限的自然对数，并进行标准化处理
	Age	高管年龄	高管平均年龄的自然对数，并进行标准化处理
	Industry	行业虚拟变量	根据证监会分类标准，制造业按两位代码分类，其他行业按一位代码分类，分别设置相应的虚拟变量
	Year	年度虚拟变量	本章对2006—2015年度分别设置相应的虚拟变量

5.3.3 模型设计

根据前述研究假设和变量选取的分析构建如下 Logit 回归模型，分析实施股权激励计划对自愿业绩预告的影响：

$$\text{Logit}(\text{Dperformance}=1)_{it}=\beta_0+\beta_1\text{Dequity\_plan}_{it}+\beta_2\text{Fcash}_{it}+\beta_3\text{Evolatility}_{it}$$
$$+\beta_4\text{Eincrease}_{it}+\beta_5\text{MB}_{it}+\beta_6\text{Size}_{it}+\beta_7\text{Mvolatility}_{it}+\beta_8\text{Tenure}_{it}+\beta_9\text{Age}_{it}$$
$$+\sum\text{Industry}+\sum\text{Year}+\varepsilon_{it} \tag{I}$$

$$\text{Logit}(\text{Dperformance}=1)_{it}=\beta_0+\beta_1\text{Equity\_plan}_{it}+\beta_2\text{Fcash}_{it}+\beta_3\text{Evolatility}_{it}$$
$$+\beta_4\text{Eincrease}_{it}+\beta_5\text{MB}_{it}+\beta_6\text{Size}_{it}+\beta_7\text{Mvolatility}_{it}+\beta_8\text{Tenure}_{it}+\beta_9\text{Age}_{it}$$
$$+\sum\text{Industry}+\sum\text{Year}+\varepsilon_{it} \tag{II}$$

根据前述研究假设和变量选取的分析构建如下多元回归模型，分析实施股权激励计划对业绩预告特征的影响：

$$\text{Precision}_{it}=\beta_0+\beta_1\text{Dequity\_plan}_{it}+\beta_2\text{Fcash}_{it}+\beta_3\text{Evolatility}_{it}+\beta_4\text{Eincrease}_{it}+$$
$$\beta_5\text{MB}_{it}+\beta_6\text{Size}_{it}+\beta_7\text{Mvolatility}_{it}+\beta_8\text{Tenure}_{it}+\beta_9\text{Age}_{it}+\sum\text{Industry}+$$
$$\sum\text{Year}+\varepsilon_{it} \tag{III}$$

$$\text{Accuracy}_{it}=\beta_0+\beta_1\text{Dequity\_plan}_{it}+\beta_2\text{Fcash}_{it}+\beta_3\text{Evolatility}_{it}+\beta_4\text{Eincrease}_{it}+$$
$$\beta_5\text{MB}_{it}+\beta_6\text{Size}_{it}+\beta_7\text{Mvolatility}_{it}+\beta_8\text{Tenure}_{it}+\beta_9\text{Age}_{it}+\sum\text{Industry}+$$
$$\sum\text{Year}+\varepsilon_{it} \tag{IV}$$

$$\text{Timeliness}_{it}=\beta_0+\beta_1\text{Dequity\_plan}_{it}+\beta_2\text{Fcash}_{it}+\beta_3\text{Evolatility}_{it}+\beta_4\text{Eincrease}_{it}+$$
$$\beta_5\text{MB}_{it}+\beta_6\text{Size}_{it}+\beta_7\text{Mvolatility}_{it}+\beta_8\text{Tenure}_{it}+\beta_9\text{Age}_{it}+\sum\text{Industry}+$$
$$\sum\text{Year}+\varepsilon_{it} \tag{V}$$

在进行回归分析过程中，上述模型（Ⅲ）、（Ⅳ）、（Ⅴ）中的解释变量 Dequity_plan 可替换成 Equity_plan，分析股权激励水平对业绩预告特征的影响：

$$\text{Precision}_{it}=\beta_0+\beta_1\text{Equity\_plan}_{it}+\beta_2\text{Fcash}_{it}+\beta_3\text{Evolatility}_{it}+\beta_4\text{Eincrease}_{it}+$$
$$\beta_5\text{MB}_{it}+\beta_6\text{Size}_{it}+\beta_7\text{Mvolatility}_{it}+\beta_8\text{Tenure}_{it}+\beta_9\text{Age}_{it}+\sum\text{Industry}+$$
$$\sum\text{Year}+\varepsilon_{it} \tag{VI}$$

$$\text{Accuracy}_{it}=\beta_0+\beta_1\text{Equity\_plan}_{it}+\beta_2\text{Fcash}_{it}+\beta_3\text{Evolatility}_{it}+\beta_4\text{Eincrease}_{it}+$$
$$\beta_5\text{MB}_{it}+\beta_6\text{Size}_{it}+\beta_7\text{Mvolatility}_{it}+\beta_8\text{Tenure}_{it}+\beta_9\text{Age}_{it}+\sum\text{Industry}+$$
$$\sum\text{Year}+\varepsilon_{it} \tag{VII}$$

$$\text{Timeliness}_{it}=\beta_0+\beta_1\text{Equity\_plan}_{it}+\beta_2\text{Fcash}_{it}+\beta_3\text{Evolatility}_{it}+\beta_4\text{Eincrease}_{it}+\beta_5$$
$$\text{MB}_{it}+\beta_6\text{Size}_{it}+\beta_7\text{Mvolatility}_{it}+\beta_8\text{Tenure}_{it}+\beta_9\text{Age}_{it}+\sum\text{Industry}+$$
$$\sum\text{Year}+\varepsilon_{it} \tag{VIII}$$

在进一步的分析中，上述模型中的解释变量可进行一年、二年、三年的滞后分析，为简化起见，省略与此相关的模型。

5.4 检验结果

5.4.1 描述性统计分析

样本描述性统计见表 5.2。

表 5.2 样本描述性统计

variable	N	mean	sd	min	p50	max
Precision	7 332	0.270	0.330	0	0.180	2
Accuracy	7 332	0.240	0.530	0	0.090 0	3.970
Timeliness	7 332	4.450	0.640	1.950	4.470	5.210
Dequity_ plan	7 332	0.060 0	0.240	0	0	1
Dequity_ type	7 332	0.020 0	0.150	0	0	1
Equity_ plan	7 332	0.160	0.770	0	0	9.960
Fcash	7 332	0.020 0	0.060 0	−0.140	0.020 0	0.190
Evolatility	7 332	6.260	6.880	0.520	4.330	49.51
Eincrease	7 332	0.450	0.500	0	0	1
MB	7 332	5.150	6.120	−3.670	3.470	45.09
Size	7 332	12.97	0.900	11.09	12.91	15.40
Mvolatility	7 332	0.470	0.450	0.030 0	0.370	3.440
Tenure	7 332	0.390	0.760	−2.680	0.590	1.480
Age	7 332	−0.070 0	0.900	−2.450	−0.040 0	1.930

表 5.2 给出了主要变量的描述性统计结果。从表 5.2 可以看出，精确性（Precision）的平均水平为 27%，中位数为 18%，说明大多数公司在业绩预告时选择的区间宽度都比较小，形式上的信息质量较高。准确性（Accuracy）的平均水平为 24%，中位数为 9%，反映大多数公司业绩预告净利润偏离净利润

实际值的幅度都在均值以下，实质上的信息质量也较高。及时性（Timeliness）的均值为 4.45，中位数为 4.47，大约有一半的公司业绩预告日至财务报告日之间的时间间隔在平均值以上，业绩预告比较及时。实施股权激励计划的样本公司比例 Dequity_ plan 仅为 6%，表明自 2006 年《上市公司股权激励管理办法（试行）》正式实施以来，实施股权激励的公司并不多，而在实施股权激励计划的公司中，股权激励方式（Dequity_ type）的平均值为 2%，这表明，在所选择的样本观测值内，有三分之一的公司采用了股票期权激励方式。股权激励水平 Equity_ plan 的平均值为 0.16%，最大值为 9.96%，不同公司之间的股权激励水平差别比较明显。

表 5.3 提供了主要变量之间的相关系数。数据显示，股权激励虚拟变量 Dequity_ plan 和股权激励水平 Equity_ plan 与业绩预告形式上的精确性（Precision）和实质上的准确性（Accuracy）之间都呈现显著的负相关关系。这表明，实施股权激励计划能够促进业绩预告信息质量提高，初步支持了研究假设。股权激励虚拟变量（Dequity_ plan）和股权激励水平（Equity_ plan）与业绩预告及时性（Timeliness）不存在显著性关系，这与我们的研究假设不相符，需要做进一步的实证检验。

表 5.3　主要变量相关系数

	Precision	Accuracy	Timeliness	Dequity_plan	Equity_plan	Dequity_type	Fcash	Evolatility	Eincrease	MB
Precision	1.00	0.31***	0.27***	-0.04**	-0.04**	-0.03**	-0.08***	-0.11***	-0.14***	-0.04***
Accuracy	0.29***	1.00	0.09***	-0.10***	-0.10***	-0.06***	-0.10***	-0.03**	-0.05***	-0.06***
Timeliness	0.14***	-0.01	1.00	0.00	-0.00	-0.03*	0.02	-0.15***	-0.02	-0.03**
Dequity_plan	-0.06***	-0.06***	0.01	1.00	1.00	0.59***	0.01	0.01	0.07***	0.06***
Equity_plan	-0.05***	-0.04***	0.01	0.82***	1.00	0.59***	0.01	0.01	0.07***	0.06***
Dequity_type	-0.04**	-0.03**	-0.01	0.59***	0.58***	1.00	0.01	0.03**	0.03**	0.03**
Fcash	-0.08***	-0.06***	0.02*	0.02	0.00	0.01	1.00	-0.10***	0.07***	0.04**
Evolatility	-0.05***	-0.02	-0.13***	-0.01	-0.01	0.01	-0.07***	1.00	-0.06***	0.02
Eincrease	-0.11***	-0.03*	-0.01	0.07***	0.06***	0.03**	0.07***	-0.03**	1.00	0.14***
MB	-0.02*	0.03**	-0.09***	0.00	-0.01	0.01	-0.04***	0.15***	0.07***	1.00

注：下三角为 Pearson 相关系数，上三角为 Spearman 相关系数；*、**、*** 分别表示在 10%、5% 和 1% 水平上显著。

5.4.2　回归结果分析

（1）对研究假设一进行检验

借鉴罗玫和宋云玲（2012）的研究方法，根据 2002 年《公开发行证券的公司信息披露编报规则第 13 号内容与格式特别规定》的有关规定，上市公司必须披露业绩预告的情形有五种：预增、预减、首亏、扭亏和续亏。除上述强制型预告之外的业绩预告类型，我们称为自愿业绩预告，主要有以下类型：略增、略减、续盈和不确定。同样，为了运用 Logit 模型检验实施股权激励计划对自愿业绩预告的影响，我们在有效观测样本的基础上采用如下方法增加样本数量：一是为使估计结果更准确，补充了自愿进行定性披露和开区间披露业绩预告的上市公司观测值；二是增加了解释变量和控制变量，但并不披露业绩预告的上市公司观测值。

基于模型（Ⅰ）和（Ⅱ），我们进行回归分析，得出如表 5.4 所示结果。由回归结果可以看出，在方程（1）中，股权激励虚拟变量（Dequity_ plan）对业绩预告虚拟变量（Dperformance）的影响系数为正数，且在 1% 水平上显著，这表明，相对于不实施股权激励计划的上市公司来说，实施股权激励计划能够提高公司披露自愿业绩预告的概率。在方程（2）中，股权激励水平（Equity_ plan）对业绩预告虚拟变量（Dperformance）的影响系数为正数，且在 1% 水平上显著，这表明，股权激励水平与自愿业绩预告之间是正相关关系，股权激励水平越高，公司披露自愿业绩预告的概率越高。综合上述分析，实施股权激励计划对公司自愿业绩预告具有激励效应，能够促进公司自愿进行业绩预告行为，研究假设 H1 得到了验证。

表 5.4　实施股权激励计划对自愿业绩预告的影响

	（1） Dperformance	（2） Dperformance
Dequity_ plan	1.014***	
	（8.37）	
Equity_ plan		0.277***
		（5.85）
Fcash	−2.629***	−2.652***
	（−5.52）	（−5.57）

表5.4(续)

	（1） Dperformance	（2） Dperformance
Evolatility	0.050***	0.050***
	（6.83）	（6.85）
Eincrease	−0.197***	−0.188***
	（−3.86）	（−3.70）
MB	0.041***	0.041***
	（4.05）	（4.03）
Size	−0.435***	−0.423***
	（−13.73）	（−13.44）
Mvolatility	0.413***	0.419***
	（5.13）	（5.24）
Tenure	0.315***	0.317***
	（8.32）	（8.36）
Age	−0.405***	−0.409***
	（−13.93）	（−14.08）
Industry	Control	Control
Year	Control	Control
_cons	5.087***	4.947***
	（12.70）	（12.41）
N	10 000	10 000
Pseudo R2	0.208	0.206

注：括号内为 t 统计量值；*、**、*** 分别表示在 10%、5% 和 1% 水平上显著。

（2）对研究假设二进行检验

基于模型（Ⅲ）、（Ⅳ）、（Ⅴ）、（Ⅵ）、（Ⅶ）和（Ⅷ），我们进行回归分析，得出如表 5.5 所示结果。由回归结果可以看出，在方程（1）和（2）中，股权激励虚拟变量（Dequity_ plan）对精确性（Precision）的影响系数为负，且在 1% 水平上显著；股权激励水平（Equity_ plan）对 Precision 的影响系数为负，且在 1% 水平上显著，这表明，实施股权激励计划能够促使业绩预告披露的闭区间宽度变得更小，业绩预告所包含的信息更加精确，形式上的信息质量提高。在方程（3）和（4）中，股权激励虚拟变量（Dequity_ plan）对准确性（Accuracy）的影响系数为负数，且在 1% 水平上显著；股权激励水平（Equity_ plan）对准确性（Accuracy）的影响系数为负数，且在 1% 水平上显著，这表明，实施股权激励计划能够促使业绩预告净利润偏离净利润实际值的幅度变得更小，业绩预告所包含的信息更加准确，实质上的信息质量提高。综合上述分析，实施股权激励计划对业绩预告信息特征具有激励效应，能够促进业绩预告信息质量提高，信息的决策有用性增强，从而体现为高管协同动机。研究假设 H2a 通过了验证。在方程（5）和（6）中，股权激励虚拟变量（Dequity_ plan）和股权激励水平（Equity_ plan）对及时性（Timeliness）影响系数并不显著，这表明，实施股权激励计划并没能使业绩预告的及时性增强，对此合理的解释如下：首先，业绩预告及时性本身具有"两面性"，一方面，从降低委托代理成本和缓解信息不对称角度来看，业绩预告及时性增强，能够为资本市场和投资者提供及时有效信息，信息的决策有用性增强，从而体现为利益趋同效应和高管协同动机；另一方面，从业绩预告市场效应角度来看，资本市场主要关注的是业绩预告的信息含量和信息质量，及时性增强，信息含量和信息质量下降，市场反应将会减弱。业绩预告及时性的这种"两面性"必将对高管信息披露时间抉择产生重要影响，这要求高管权衡考虑并做出恰当安排。其次，从高管信息披露动机角度分析，这也可能源于高管的自利动机，为了自己的某些私利故意操纵业绩预告的发布时间，从而对业绩预告的及时性产生负面影响。再次，虽然股权激励计划与高管持股同属长期股权激励形式，但两者之间还是存在着很大不同，与高管持股相比，股权激励计划通常明确规定一定的实施有效期间，并且有一定的限售期（或锁定期）和行权条件（或解锁条件），其激励效应具有时效性和条件性（与一定的业绩条件相联系），这在很大程度上决定了实施股权激励计划的激励效应有别于高管持股而具有自身的特征。研究假设 H2b 没能通过实证检验。

总之，在实施股权激励计划的条件下，公司披露的业绩预告信息形式上的精确性和实质上的准确性都得以提高，有利于降低高管与股东之间的信息不对称程度，更好满足股东对决策信息的需求，能够在一定程度上缓解公司信息披露中的代理问题。所以说，实施股权激励计划对公司业绩预告信息特征具有激励效应，能够促使公司披露的业绩预告信息质量提高，但对业绩预告行为特征没有太大影响，及时性并没有显著增强，研究假设二中的主要部分得到了验证。

表 5.5 实施股权激励计划对业绩预告特征的影响

	（1） Precision	（2） Precision	（3） Accuracy	（4） Accuracy	（5） Timeliness	Timeliness
Dequity_ plan	−0.072***		−0.089***		−0.025	
	(−7.03)		(−5.27)		(−0.92)	
Equity_ plan		−0.020***		−0.020***		−0.009
		(−5.56)		(−2.86)		(−1.02)
Fcash	−0.310***	−0.313***	−0.513***	−0.518***	0.342**	0.340**
	(−4.40)	(−4.46)	(−4.88)	(−4.92)	(2.31)	(2.31)
Evolatility	−0.002***	−0.002***	−0.003***	−0.003***	−0.008***	−0.008***
	(−3.89)	(−3.88)	(−3.71)	(−3.70)	(−5.43)	(−5.43)
Eincrease	−0.063***	−0.063***	−0.023*	−0.024*	−0.010	−0.010
	(−8.04)	(−8.08)	(−1.86)	(−1.92)	(−0.68)	(−0.68)
MB	−0.000	−0.000	0.004**	0.004**	−0.007***	−0.007***
	(−0.02)	(−0.02)	(2.31)	(2.32)	(−4.04)	(−4.04)
Size	−0.042***	−0.043***	−0.055***	−0.056***	0.048***	0.048***
	(−7.67)	(−7.86)	(−6.34)	(−6.51)	(4.80)	(4.77)
Mvolatility	0.003	0.003	0.022	0.022	0.035**	0.035**
	(0.33)	(0.31)	(1.44)	(1.41)	(2.32)	(2.32)
Age	−0.001	−0.001	0.021***	0.022***	−0.013	−0.013
	(−0.30)	(−0.20)	(2.96)	(3.07)	(−1.50)	(−1.49)
Tenure	0.015**	0.015**	0.001	0.001	0.075***	0.075***
	(2.09)	(2.10)	(0.10)	(0.10)	(4.51)	(4.51)
Industry	Control	Control	Control	Control	Control	Control
Year	Control	Control	Control	Control	Control	Control
_ cons	0.875***	0.887***	0.943***	0.959***	3.963***	3.967***
	(12.57)	(12.73)	(8.61)	(8.76)	(31.11)	(31.14)
N	7 332	7 332	7 332	7 332	7 332	7 332
r2_ a	0.049	0.048	0.018	0.017	0.068	0.068
F	14.58	13.98	6.12	5.42	13.87	13.85

注：括号内为 t 统计量值；*、**、*** 分别表示在 10%、5% 和 1% 水平上显著。

（3）进一步分析实施股权激励计划的滞后效应

表5.4和表5.5的结果表明了实施股权激励计划与公司业绩预告行为之间的关系，即实施股权激励计划对自愿业绩预告和业绩预告信息特征具有激励效应，能够促进公司自愿进行业绩预告行为，并且业绩预告信息形式上更加精确、实质上更加准确，信息质量提高，而业绩预告及时性并没有显著增强。但这只是检验了股权激励计划实施当年对业绩预告行为的影响，为缓解使用当年数据可能存在的内生性问题，我们进一步检验股权激励计划实施后的一年内、两年内、三年内对业绩预告行为的影响。我们采用的方法是：对解释变量股权激励虚拟变量（Dequity_ plan）和股权激励水平（Equity_ plan）进行滞后处理，滞后一年为 Dequity_ 1 和 Equity_ 1，滞后两年为 Dequity_ 2 和 Equity_ 2，滞后三年为 Dequity_ 3 和 Equity_ 3，然后运用上述模型进行回归，进一步分析实施股权激励计划的滞后效应。

①实施股权激励计划对自愿业绩预告的滞后效应分析

基于模型（Ⅰ）和（Ⅱ），我们进行滞后效应回归分析，得出如表5.6所示结果。由回归结果可以看出，在实施股权激励计划后一年内，股权激励虚拟变量滞后一期（Dequity_ 1）和股权激励方式滞后一期（Equity_ 1）对业绩预告虚拟变量（Dperformance）的影响系数在1%水平上显著为正；在实施股权激励计划后两年内，股权激励虚拟变量滞后二期（Dequity_ 2）和股权激励方式滞后二期（Equity_ 2）对业绩预告虚拟变量（Dperformance）的影响系数在5%水平上显著为正；在实施股权激励计划后三年内，股权激励虚拟变量滞后三期（Dequity_ 3）和股权激励方式滞后三期（Equity_ 3）对业绩预告虚拟变量（Dperformance）的影响系数已不再显著。根据影响系数的大小和显著性的高低，我们发现，在实施股权激励计划后的最初一年内，实施股权激励计划对公司自愿业绩预告仍具有显著的激励效应，与实施当年的影响基本一致，但随着时间窗口的延长这种影响作用逐渐减弱，第二年的影响系数变小，显著性下降，到第三年已经不存在滞后效应。这些结果为研究假设一的检验提供了更多证据，同时也说明，实施股权激励计划对自愿业绩预告的影响具有时间效应。这可能与我国特殊的制度背景、实施股权激励计划的激励效应具有时效性和条件性、业绩预告实践现状等因素有关，同时从另一个侧面反映了我国股权激励制度的实施效果并不理想。

表 5.6　实施股权激励计划对自愿业绩预告的滞后效应分析

	（1）	（2）	（3）	（4）	（5）	（6）
	Dperformance		Dperformance		Dperformance	
Dequity_ 1	0.943***					
	(5.40)					
Equity_ 1		0.241***				
		(3.30)				
Dequity_ 2			0.718**			
			(2.34)			
Equity_ 2				0.134**		
				(2.01)		
Dequity_ 3					0.377	
					(1.49)	
Equity_ 3						0.058
						(0.82)
Fcash	−1.723***	−1.719***	−1.986***	−1.999***	−2.428***	−2.423***
	(−2.77)	(−2.77)	(−3.04)	(−3.06)	(−3.55)	(−3.54)
Evolatility	0.073***	0.073***	0.144***	0.144***	0.182***	0.182***
	(5.44)	(5.44)	(7.85)	(7.85)	(9.77)	(9.76)
Eincrease	−0.088	−0.081	−0.061	−0.056	−0.050	−0.050
	(−1.38)	(−1.27)	(−0.91)	(−0.84)	(−0.71)	(−0.72)
MB	0.090***	0.090***	0.090***	0.091***	0.124***	0.124***
	(6.06)	(6.10)	(5.43)	(5.48)	(6.90)	(6.90)
Size	−0.761***	−0.751***	−0.777***	−0.772***	−0.811***	−0.808***
	(−17.19)	(−17.02)	(−16.62)	(−16.54)	(−16.49)	(−16.46)
Mvolatility	0.282***	0.278***	0.291**	0.289**	0.161	0.160
	(2.73)	(2.70)	(2.56)	(2.54)	(1.43)	(1.42)
Tenure	−0.109**	−0.109**	−0.073	−0.071	−0.093	−0.091
	(−2.23)	(−2.22)	(−1.33)	(−1.30)	(−1.57)	(−1.54)
Age	−0.475***	−0.477***	−0.451***	−0.452***	−0.456***	−0.458***
	(−12.57)	(−12.66)	(−11.52)	(−11.53)	(−11.13)	(−11.16)
Industry	Control	Control	Control	Control	Control	Control
Year	Control	Control	Control	Control	Control	Control
_ cons	9.867***	9.739***	9.850***	9.785***	10.252***	10.222***

表5.6(续)

	（1）	（2）	（3）	（4）	（5）	（6）
	Dperformance		Dperformance		Dperformance	
	（17.34）	（17.18）	（16.56）	（16.49）	（16.18）	（16.16）
N	6 776	6 776	6 191	6 191	5 768	5 768
Pseudo R2	0.268	0.267	0.273	0.272	0.289	0.289

注：括号内为 t 统计量值；*、**、*** 分别表示在 10%、5% 和 1% 水平上显著。

②实施股权激励计划对业绩预告特征的滞后效应分析

基于模型（Ⅲ）、（Ⅳ）、（Ⅴ）、（Ⅵ）、（Ⅶ）和（Ⅷ），我们进行滞后效应回归分析。鉴于股权激励虚拟变量（Dequity_ plan）与股权激励水平（Equity_ plan）的滞后效应回归结果基本一致，故在此仅列示股权激励虚拟变量（Dequity_ plan）的滞后效应回归结果，见表 5.7。由回归结果可以看出，在实施股权激励计划后一年内，股权激励虚拟变量滞后一期（Dequity_ 1）对精确性（Precision）和准确性（Accuracy）的影响系数均在 1% 水平上显著为负，对及时性（Timeliness）影响系数不显著。在实施股权激励计划后两年内，股权激励虚拟变量滞后二期（Dequity_ 2）对精确性（Precision）的影响系数不显著，对准确性（Accuracy）的影响系数在 5% 水平上显著为负，对及时性（Timeliness）影响系数不显著。在实施股权激励计划后三年内，股权激励虚拟变量滞后三期（Dequity_ 3）除了对准确性（Accuracy）的影响系数在 10% 水平上显著为负外，其他都不显著。根据影响系数的大小和显著性的高低，我们发现，在实施股权激励计划后的最初一年内，实施股权激励计划对公司业绩预告信息特征具有显著的激励效应，但对业绩预告行为特征没有太大影响，与实施当年的影响基本一致，但随着时间窗口的延长这种影响作用逐渐减弱，第二年的显著性明显下降，到第三年的滞后效应已相当微弱。这些结果既为研究假设二的检验提供了更多证据，同时也说明，实施股权激励计划对业绩预告特征的影响具有时间效应，当公司的股权激励计划正式实施之后，股权激励计划对业绩预告特征的影响会逐渐减弱。

（4）进一步分析不同股权激励方式的影响

上市公司股权激励计划主要有三种方式：股票期权、限制性股票和股票增值权。其中，采用股票增值权的方式很少，我们主要探讨股票期权和限制性股票两种激励方式。股票期权是指按预先确定的条件和价格在未来一定期限内购买公司股票的权力，这种权力根据不同情况可以行使也可以放弃。限制性股票是指公司把自己的股票在一定条件下奖励给高管，高管需要按照一定价格购买该股份，通常购买价格低于股票的市场价格。由于限制性股票相对股票期权来说会产生一定的资金成本，需要高管支付相应对价，所以两者的激励作用存在不同，公司应选择适当的激励方式（Hall & Murphy, 2002）。

为了进一步检验股票期权和限制性股票对公司业绩预告行为的影响，我们设置了股权激励方式变量 Dequity_ type，采用股票期权激励方式的 Dequity_ type = 1，采用限制性股票激励方式的 Dequity_ type = 0，运用上述模型进行分组回归，分析两者的影响差异。

①不同股权激励方式对自愿业绩预告的影响

基于模型（Ⅰ）和（Ⅱ），通过增加股权激励方式变量 Dequity_ type 构建回归模型，分析不同股权激励方式对自愿业绩预告的影响。为简化起见，省略与此相关的模型。我们进行回归分析，得出如表 5.8 所示结果。由回归结果可以看出，股权激励虚拟变量（Dequity_ plan）和股权激励水平（Equity_ plan）对业绩预告虚拟变量（Dperformance）的影响系数符号和显著性与表 5.4 中的估计结果基本一致，符合我们的预期，再次验证了第一个研究假设 H1 的结论。在方程（1）和（2）中，股权激励方式（Dequity_ type）对业绩预告虚拟变量（Dperformance）的影响系数都不显著，这表明，相对于限制性股票激励方式来说，股票期权对公司自愿业绩预告并没有太大影响，没有证据表明股票期权和限制性股票对自愿业绩预告的影响存在着显著差异，这可能与我国股权激励制度和业绩预告制度仍处于初期发展阶段、实施的环境条件并不完善、激励方案设计缺乏统一标准等有关。

②不同股权激励方式对业绩预告特征的影响

基于模型（Ⅲ）、（Ⅳ）、（Ⅴ）、（Ⅵ）、（Ⅶ）和（Ⅷ），通过增加股权激励方式变量 Dequity_ type 构建回归模型，分析不同股权激励方式对公司业绩预告特征的影响。为简化起见，省略与此相关的模型。我们进行回归分析，得出如表 5.9 所示结果。由回归结果可以看出，股权激励虚拟变量（Dequity_ plan）和股权激励水平（Equity_ plan）对精确性（Precision）、准确性（Accuracy）和及时性（Timeliness）的影响系数符号和显著性与表 5.5 中的估计结果基本一致，符合我们的预期，再次验证了第二个研究假设的结论。在方程（1）至（6）中，股权激励方式（Dequity_ type）对精确性（Precision）、准确性（Accuracy）和及时性（Timeliness）的影响系数除个别外，基本上都不显著，这表明，相对于限制性股票激励方式来说，股票期权对公司业绩预告信息特征和行为特征并没有太大影响，没有证据表明股票期权和限制性股票对业绩预告特征的影响存在着显著差异。

表 5.7 实施股权激励计划对业绩预告特征的滞后效应分析

	(1) Precision	(2) Accuracy	(3) Timeliness	(4) Precision	(5) Accuracy	(6) Timeliness	(7) Precision	(8) Accuracy	(9) Timeliness
Dequity_1	-0.034***	-0.087***	-0.015						
	(-2.59)	(-5.07)	(-0.49)						
Dequity_2				0.003	-0.060**	0.008			
				(0.18)	(-2.47)	(0.22)			
Dequity_3							-0.008	-0.069*	0.042
							(-0.32)	(-1.92)	(0.77)
Fcash	-0.235***	-0.491***	0.528***	-0.240**	-0.457***	0.556***	-0.221*	-0.363**	0.387
	(-2.71)	(-3.89)	(3.12)	(-2.22)	(-2.80)	(2.68)	(-1.74)	(-2.05)	(1.52)
Evolatility	-0.002***	-0.003***	-0.009***	-0.003***	-0.004***	-0.007***	-0.003***	-0.005***	-0.003*
	(-3.34)	(-2.64)	(-5.99)	(-2.83)	(-3.37)	(-4.05)	(-2.92)	(-3.92)	(-1.77)
Eincrease	-0.062***	-0.020	-0.026	-0.083***	-0.062***	-0.026	-0.082***	-0.062***	-0.040*
	(-6.75)	(-1.35)	(-1.55)	(-7.70)	(-3.60)	(-1.33)	(-6.20)	(-2.78)	(-1.74)
MB	0.001	0.003*	-0.006***	0.001	0.003	-0.007***	-0.002*	0.001	-0.007***
	(0.78)	(1.67)	(-3.34)	(0.49)	(1.34)	(-3.11)	(-1.90)	(0.69)	(-2.95)
Size	-0.060***	-0.059***	0.067***	-0.062***	-0.061***	0.060***	-0.050***	-0.066***	0.069***
	(-8.81)	(-5.28)	(5.88)	(-8.06)	(-5.02)	(4.52)	(-4.55)	(-4.27)	(4.24)

	(1) Precision	(2) Accuracy	(3) Timeliness	(4) Precision	(5) Accuracy	(6) Timeliness	(7) Precision	(8) Accuracy	(9) Timeliness
Mvolatility	0.001	0.030	0.022	0.010	0.054*	-0.001	0.037*	0.119***	0.041
	(0.10)	(1.54)	(1.34)	(0.74)	(1.93)	(-0.03)	(1.94)	(2.98)	(1.16)
Age	0.004	0.026***	0.008	0.001	0.025**	0.007	-0.001	0.024*	0.002
	(0.74)	(3.07)	(0.81)	(0.14)	(2.45)	(0.64)	(-0.16)	(1.87)	(0.14)
Tenure	-0.004	-0.003	0.023	-0.026**	-0.045**	0.029	-0.030**	-0.033	0.024
	(-0.43)	(-0.14)	(1.21)	(-2.08)	(-2.04)	(1.15)	(-2.06)	(-1.30)	(-0.80)
Industry	Control	Control	Control	Control	Control	Control	Control	Control	Control
Year	Control	Control	Control	Control	Control	Control	Control	Control	Control
_cons	1.111***	0.974***	3.774***	1.170***	1.087***	3.763***	1.047***	1.191***	3.573***
	(12.73)	(6.94)	(26.27)	(11.70)	(7.08)	(22.25)	(7.48)	(6.02)	(16.93)
N	5 261	5 261	5 261	3 914	3 914	3 914	2 681	2 681	2 681
r2_ a	0.046	0.019	0.059	0.048	0.019	0.058	0.041	0.016	0.056
F	8.66	4.02	11.06	9.50	4.92	8.03	6.48	4.18	6.30

注：括号内为 t 统计量值；*、**、***分别表示在10%、5%和1%水平上显著。

表 5.8　不同股权激励方式对自愿业绩预告的影响

	（1） Dperformance	（2） Dperformance
Dequity_ plan	1. 050 ***	
	（6. 75）	
Equity_ plan		0. 246 ***
		（4. 36）
Dequity_ type	−0. 092	0. 248
	（−0. 38）	（1. 06）
Fcash	−2. 631 ***	−2. 644 ***
	（−5. 52）	（−5. 55）
Evolatility	0. 050 ***	0. 050 ***
	（6. 83）	（6. 84）
Eincrease	−0. 197 ***	−0. 187 ***
	（−3. 86）	（−3. 68）
MB	0. 041 ***	0. 041 ***
	（4. 05）	（4. 03）
Size	−0. 435 ***	−0. 425 ***
	（−13. 72）	（−13. 47）
Mvolatility	0. 413 ***	0. 420 ***
	（5. 12）	（5. 25）
Tenure	0. 314 ***	0. 317 ***
	（8. 31）	（8. 37）
Age	−0. 406 ***	−0. 409 ***
	（−13. 93）	（−14. 06）
Industry	Control	Control
Year	Control	Control
_ cons	5. 085 ***	4. 963 ***
	（12. 69）	（12. 44）
N	10 000	10 000
Pseudo R2	0. 208	0. 206

注：括号内为 t 统计量值；*、**、*** 分别表示在 10%、5% 和 1% 水平上显著。

表 5.9　不同股权激励方式对业绩预告特征的影响

	（1） Precision	（2） Precision	（3） Accuracy	（4） Accuracy	（5） Timeliness	（6） Timeliness
Dequity_ plan	−0.074 ***		−0.101 ***		0.010	
	（−5.94）		（−5.29）		（0.28）	
Equity_ plan		−0.019 ***		−0.020 **		0.001
		（−4.79）		（−2.35）		（0.13）
Dequity_ type	0.007	−0.006	0.033	−0.003	−0.096 *	−0.092
	（0.39）	（−0.38）	（1.01）	（−0.09）	（−1.87）	（−1.50）
Fcash	−0.310 ***	−0.313 ***	−0.513 ***	−0.518 ***	0.342 **	0.342 **
	（−4.40）	（−4.45）	（−4.88）	（−4.92）	（2.31）	（2.32）
Evolatility	−0.002 ***	−0.002 ***	−0.003 ***	−0.003 ***	−0.008 ***	−0.008 ***
	（−3.90）	（−3.88）	（−3.72）	（−3.70）	（−5.40）	（−5.41）
Eincrease	−0.063 ***	−0.063 ***	−0.023 *	−0.024 *	−0.011	−0.010
	（−8.04）	（−8.08）	（−1.85）	（−1.92）	（−0.70）	（−0.69）
MB	−0.000	−0.000	0.004 **	0.004 **	−0.007 ***	−0.007 ***
	（−0.02）	（−0.02）	（2.31）	（2.32）	（−4.03）	（−4.03）
Size	−0.042 ***	−0.043 ***	−0.055 ***	−0.056 ***	0.049 ***	0.049 ***
	（−7.67）	（−7.82）	（−6.35）	（−6.48）	（4.86）	（4.87）
Mvolatility	0.003	0.003	0.022	0.022	0.035 **	0.035 **
	（0.33）	（0.31）	（1.44）	（1.41）	（2.30）	（2.30）
Age	−0.001	−0.001	0.021 ***	0.022 ***	−0.013	−0.013
	（−0.30）	（−0.21）	（2.97）	（3.07）	（−1.53）	（−1.54）
Tenure	0.015 **	0.015 **	0.001	0.001	0.075 ***	0.075 ***
	（2.09）	（2.10）	（0.10）	（0.10）	（4.51）	（4.51）
Industry	Control	Control	Control	Control	Control	Control
Year	Control	Control	Control	Control	Control	Control
_ cons	0.876 ***	0.887 ***	0.945 ***	0.959 ***	3.957 ***	3.955 ***
	（12.56）	（12.69）	（8.61）	（8.72）	（31.07）	（31.05）
N	7 332	7 332	7 332	7 332	7 332	7 332
r2_ a	0.048	0.048	0.018	0.017	0.068	0.068
F	14.16	13.59	5.97	5.31	13.60	13.60

注：括号内为 t 统计量值；*、**、*** 分别表示在 10%、5%和 1%水平上显著。

高管激励对公司业绩预告行为的影响：理论分析与实证检验

5.5 稳健性检验

为了增强研究结论的可靠性，我们对上述研究结果进行如下的稳健性测试。

（1）鉴于本研究的样本周期较长，我们按年度顺序逐次删除早期样本，逐次重新进行回归分析，结果与之前基本保持一致。

（2）我们利用股权激励计划变量进行了分位检验，除极个别情况外，回归结果支持本章研究结论，并未发现实施股权激励计划对公司业绩预告行为的影响中存在曲线关系。

（3）对本章的所有 Logit 模型重新进行 Probit 检验，两者的回归结果高度一致，支持相关研究结论。

（4）对于可能存在的样本选择偏误和内生性问题，本章采用 Rosenbaum 和 Rubin（1983）提出的倾向评分配比法（propensity score matching，PSM）来进行检验，最近文献多采用这种方法构造对照组解决样本选择偏误和内生性问题（Armstrong et al.，2010）。

首先，我们对本章的主要模型综合运用三种匹配方法（最近邻匹配、半径匹配和核匹配）分别进行检验，通过观察 ATT 值的大小和显著性水平来分析实施股权激励计划是否对公司业绩预告行为存在激励效应，主要结果见表5.10。表 5.10 中结果显示，就最近邻匹配的实证结果来看，匹配后激励组的业绩预告虚拟变量（Dperformance）均值为 0.717 391，控制组的业绩预告虚拟变量（Dperformance）均值为 0.497 585，ATT 值为 0.219 807，且在 1%水平上显著，表明在控制了公司其他主要特征的影响之后，实施股权激励计划的确能显著提高公司自愿业绩预告的披露概率，提高了 44.17%。匹配后激励组的精确性（Precision）和准确性（Accuracy）均值分别为 0.197 918 和 0.121 014，控制组的精确性（Precision）和准确性（Accuracy）均值分别为 0.263 815 和 0.195 117，ATT 值分别为-0.065 897 和-0.074 102，且均在 1%水平上显著，表明在控制了公司其他主要特征的影响之后，实施股权激励计划的确能显著提高公司业绩预告信息特征（精确性和准确性）的质量。匹配后激励组的及时性（Timeliness）均值为 4.488 125，控制组的及时性（Timeliness）均值为4.480 127，ATT 值为 0.007 998，但并不显著，表明在控制了公司其他主要特征的影响之后，实施股权激励计划并不能显著提高公司业绩预告行为特征

（及时性）的水平。半径匹配与核匹配的实证结果与最近邻匹配的实证结果基本一致。综合上述分析，实施股权激励计划对公司业绩预告行为具有显著的激励效应，但对业绩预告行为特征并没有太大影响，及时性并没有显著增强，支持本章研究结论。

其次，本章进一步运用三种方法（最近邻匹配、半径匹配和核匹配）进行 PSM 检验，分析实施股权激励计划的滞后效应对公司业绩预告行为的平均激励效应（ATT 值）差别和不同股权激励方式对公司业绩预告行为的平均激励效应（ATT 值）差别。以上检验结果与本章相关研究结论基本一致。

表 5.10　PSM 的平均激励效应

变量名称	样本	激励组	控制组	ATT	标准误	T 值
最近邻匹配 （1∶1 匹配）						
Dperformance	匹配前	0.717 391	0.374 004	0.343 387	0.024 226	14.17***
	匹配后	0.717 391	0.497 585	0.219 807	0.034 195	6.43***
Precision	匹配前	0.197 918	0.277 628	−0.079 710	0.016 172	−4.93***
	匹配后	0.197 918	0.263 815	−0.065 897	0.019 065	−3.46***
Accuracy	匹配前	0.121 014	0.246 994	−0.125 980	0.025 443	−4.95***
	匹配后	0.121 014	0.195 117	−0.074 102	0.027 089	−2.74***
Timeliness	匹配前	4.488 125	4.458 691	0.029 434	0.030 388	0.97
	匹配后	4.488 125	4.480 127	0.007 998	0.041 864	0.19
半径匹配 （匹配半径为 0.005）						
Dperformance	匹配前	0.717 391	0.374 004	0.343 387	0.024 226	14.17***
	匹配后	0.716 707	0.529 478	0.187 229	0.023 578	7.94***
Precision	匹配前	0.197 918	0.277 628	−0.079 710	0.016 172	−4.93***
	匹配后	0.199 059	0.265 392	−0.066 333	0.011 234	−5.9***
Accuracy	匹配前	0.121 014	0.246 994	−0.125 980	0.025 443	−4.95***
	匹配后	0.121 621	0.209 590	−0.087 969	0.017 815	−4.94***
Timeliness	匹配前	4.488 125	4.458 691	0.029 434	0.030 388	0.97
	匹配后	4.491 022	4.530 672	−0.039 650	0.029 023	−1.37
核匹配 （宽带系数为 0.01）						

表5.10(续)

变量名称	样本	激励组	控制组	ATT	标准误	T 值
Dperformance	匹配前	0.717 391	0.374 004	0.343 387	0.024 226	14.17 ***
	匹配后	0.717 391	0.482 804	0.234 588	0.023 060	10.17 ***
Precision	匹配前	0.197 918	0.277 628	−0.079 710	0.016 172	−4.93 ***
	匹配后	0.197 918	0.266 350	−0.068 432	0.010 659	−6.42 ***
Accuracy	匹配前	0.121 014	0.246 994	−0.125 980	0.025 443	−4.95 ***
	匹配后	0.121 014	0.213 882	−0.092 867	0.016 888	−5.5 ***
]Timeliness	匹配前	4.488 125	4.458 691	0.029 434	0.030 388	0.97
	匹配后	4.488 125	4.507 739	−0.019 614	0.028 216	−0.7

注：①"匹配前"指未实施倾向分配之前的样本，"匹配后"分别指进行最近邻匹配、半径匹配、核匹配后的样本；②"激励组"和"控制组"分别表示实施和未实施股权激励计划的公司；③ *、**、*** 分别表示在10%、5%和1%水平上显著；④ 控制组与激励组之间的差别（ATT值）服从 t 分布。

通过以上的稳健性测试，我们认为本章的实证结果是相对稳健的。

5.6　结论

本章主要研究我国上市公司实施股权激励计划对公司业绩预告行为的影响。通过理论分析和实证检验，我们发现，实施股权激励计划能够促进公司自愿披露业绩预告，并且披露的业绩预告信息质量提高，但及时性并未增强。

具体来说，有以下几个方面的结论。

（1）实施股权激励计划对自愿业绩预告具有激励效应，能够提高公司披露自愿业绩预告的概率，有助于促进公司自愿进行业绩预告行为，从而为股东和市场提供及时有效的决策信息，有利于资本市场的健康良性发展。

（2）实施股权激励计划能够促使业绩预告披露的闭区间宽度变得更小，业绩预告所包含的信息更加精确，形式上的信息质量提高；实施股权激励计划能够促使业绩预告净利润偏离净利润实际值的幅度变得更小，业绩预告所包含的信息更加准确，实质上的信息质量提高；但实施股权激励计划并没能使业绩预告的及时性增强，因此，实施股权激励计划对公司业绩预告信息特征具有激励效应，能够促使公司披露的业绩预告信息质量提高，有利于降低高管与股东之间的信息不对称程度，能够更好地满足股东对决策信息的需求，在一定程度上缓解公司信息披露中的代理问题。

（3）进一步分析发现，在股权激励计划实施后的最初一年内，对公司自愿业绩预告和业绩预告特征仍有积极的影响作用，但随着时间窗口的延长这种影响作用逐渐减弱。通过进一步分析不同股权激励方式对公司自愿业绩预告和业绩预告特征的影响，没有证据表明股票期权和限制性股票对公司业绩预告行为的影响存在显著差异。

本章的研究意义在于：

（1）在中国特殊的制度背景下，实施股权激励计划对公司业绩预告行为产生了积极影响。股权激励计划通过影响公司高管决策机制促进公司业绩预告行为，向市场传递高质量的决策信息，一定程度上缓解了公司信息披露中的代理问题。

（2）纵观国内外研究文献，鲜有研究上市公司股权激励计划与公司业绩预告行为之间关系的，而我们的研究却证明实施股权激励计划是促进公司业绩预告行为的一条重要途径。

（3）本章研究了实施股权激励计划对公司自愿业绩预告、业绩预告信息特征及行为特征的影响，为公司强化内部管理以及证券监管机构完善监管措施提供有益参考。

6 股权激励条件下公司业绩预告行为的市场反应研究

6.1 引言

业绩预告是指在定期财务报告（包括年报和中期报告）正式披露之前，管理层对公司的生产经营状况进行合理预测，提前发布的预期盈利信息。业绩预告制度是我国资本市场不断发展的产物，在资本市场中具有十分重要的作用，是传统的以财务报告为核心的信息披露制度的有益补充和完善。我国于1998 年开始实施业绩预告制度，经过多年的实践发展，历经多次修改、补充、深化，业绩预告范围逐步扩展、指标渐趋稳定、及时性逐渐提高，业绩预告制度伴随着资本市场的发展而不断地丰富完善。

国内外已有研究表明，业绩预告具有信息含量，能够引起明显的市场反应（Jaggi & Bikki，1978；Coller & Yohn，1997；薛爽，2001；洪剑峭、皮建屏，2002；蒋义宏等，2003；宋云玲、罗玫，2010）。上述文献大多是建立在业绩预告数据与过去已实现业绩数据进行前置比较分析的基础之上的，鲜有直接研究公司业绩预告行为[①]本身对资本市场的影响，特别是高管股权激励条件下业绩预告行为的市场反应特征。本章欲在此方面进行尝试，试图发现当前我国资本市场的某些规律性特征，以期为上市公司强化管理和证券监管机构加强监管提供有益参考。

本章选择 2006—2015 年沪、深两市 A 股公司的年度数据作为样本，运用

---

① 由于共线性的存在，我们无法得到业绩预告虚拟变量（是否进行业绩预告）市场反应的回归结果，因此，我们主要研究自愿业绩预告和强制业绩预告的市场反应差异，并把它放在进一步分析中进行。在本章中，未加特别说明，公司业绩预告行为指的就是业绩预告特征，包括信息特征和行为特征。

事件研究方法，分析高管股权激励条件下我国上市公司业绩预告行为的市场反应特征。研究发现，公司业绩预告行为具有显著的信息含量，对资本市场的股票价格具有显著影响；股权激励条件下公司业绩预告行为的市场反应具有反向性特征（增强或减弱）。

本章的研究意义有以下几点：首先，在现有文献的基础上，直接研究业绩预告行为对资本市场的影响，实证检验得出了一些创新性结论，深化了该领域的研究。其次，将高管股权激励进一步分为高管持股和实施股权激励计划两种形式，分别研究不同股权激励形式下业绩预告行为的市场反应特征，有助于加深对我国特殊制度背景下公司治理机制和资本市场信息传导机制的认识，对于研究业绩预告经济后果的文献是有益的补充。最后，研究结论表明，高管股权激励条件下，业绩预告行为具有显著的信息含量，市场反应的反向性特征比较明显，为公司强化内部管理以及证券监管机构完善监管措施提供政策参考。

本章的结构安排如下：第二部分进行理论分析，提出研究假设。第三部分进行研究设计，包括样本选择和数据来源、变量定义和模型设计。第四部分是实证研究，包括描述性统计分析、回归分析。第五部分进行稳健性检验。第六部分得出本章的研究结论。

6.2 理论分析和研究假设

Ball 和 Brown（1968）首次从信息观的角度验证了会计盈余与股价之间存在关联。Beaver（1968）首次提出了会计盈余与股价之间关系的理论框架：当期盈余为未来盈余的预测提供信息，未来盈余为未来股利的预测提供信息，未来股利决定股票价值。上述理论为随后会计信息含量及业绩预告信息含量的深入研究奠定了基础。

Jaggi 和 Bikki（1978）实证研究发现，业绩预告具有信息含量，投资者能够充分理解和正确运用这些信息调整自己的投资策略，从而导致公告日前后的股票价格有明显波动。Coller 和 Yohn（1997）研究认为，业绩预告能够在一定程度上缓解资本市场中的信息不对称，因而具有信息含量。国内学者也从不同角度对业绩预告的市场反应进行了研究。薛爽（2001）研究发现，预亏公告的市场反应显著，在研究窗口内股价平均下降了 5.98%。洪剑峭和皮建屏（2002）研究认为，业绩预警具有提前释放风险、降低股价波动的积极作用。蒋义宏等（2003）研究发现，业绩预告公告期间的超额收益率显著，并且不同业绩预告类型引起的股价反应不同，得出了业绩预告具有显著信息含量的结论。宋云玲和罗玫（2010）研究认为，业绩预告有助于资本市场纠正错误定价，也就是说资本市场认为业绩预告是可信的。

上述国内外研究文献的结论基本相同：业绩预告具有信息含量，能够引起明显的市场反应。那么，更进一步讲，公司业绩预告行为（信息特征和行为特征）的市场反应又会具有哪些不同的特征呢？这正是本章所要研究的主要内容。在业绩预告的信息特征方面，Baginski 等（1993）实证检验了开区间、闭区间和点值三种披露方式的市场反应，发现披露的精确性越高，股价的波动越大。Pownall 等（1993）研究也证实，资本市场对精确性高的预告信息的反应强度更大。Skinner（1994）认为，定量预告信息与定性预告信息对股价的影响存在显著差异。杨德明和林斌（2006）研究表明，年度业绩预告具有明显的市场反应，市场对坏信息的反应更加强烈，不同属性业绩预告的市场反应不同，定量预告信息的市场反应更为强烈。从上述文献可以看出，业绩预告的信息质量（包括形式上的精确性和实质上的准确性）越高，市场反应越强烈。在业绩预告的行为特征（及时性）方面，Baginski 和 Hassell（1990）研究显示，与其他期间相比，第四季度的业绩预告信息含量较少，引起的市场反应较弱。朱红军等（2008）研究表明，发布业绩预告日期距离财务报告公告日越近，公司盈利的不确定性变小，业绩预告所包含的信息量增加。刘婷和昝玉宇（2012）认为，在业绩预告与财务报告之间，高管掌握的公司业绩信息数量和质量会逐步提高。罗玫和宋云玲（2012）研究认为，在会计年度结束前发布业绩预告，可能因经营状况的不确定而偏离实际，因此，资本市场更相信在会计年度结束后发布的业绩预告。由此可见，业绩预告公告日越早，及时性越强，市场反应越弱。

根据上述理论分析和文献回顾，我们提出第一个研究假设：公司业绩预告行为具有信息含量，能够引起明显的市场反应。这一研究假设又进一步细分为如下两个子假设：

研究假设 H1a：业绩预告信息特征质量提高，形式上的精确性和实质上的准确性提高，市场反应强烈。

研究假设 H1b：业绩预告行为特征提高，及时性增强，市场反应减弱。

根据前文第 4 章（高管持股对公司业绩预告行为的影响）的研究结论，高管持股对公司业绩预告行为具有激励效应，能够促进业绩预告信息特征质量（形式上的精确性和实质上的准确性）提高，及时性增强，信息的决策有用性增强，从而体现为高管协同动机。结合上述业绩预告行为的市场反应，我们提出第二个研究假设。

研究假设 H2a：高管持股条件下，业绩预告信息特征质量提高，市场反应更强烈。

研究假设 H2b：高管持股条件下，业绩预告及时性增强，市场反应减弱。

根据前文第 5 章（实施股权激励计划对公司业绩预告行为的影响）的研究结论，实施股权激励计划能够促使公司披露的业绩预告信息特征质量（形式上的精确性和实质上的准确性）提高，但对业绩预告及时性并没有太大影响。结合上述业绩预告行为的市场反应，我们提出第三个研究假设。

研究假设 H3a：实施股权激励计划能够增强业绩预告信息特征的市场反应程度。

研究假设 H3b：实施股权激励计划对业绩预告及时性的市场反应程度的影响不显著。

6.3 研究设计

6.3.1 样本选择和数据来源

本章主要研究股权激励条件下我国上市公司业绩预告行为的市场反应特征。我们选择 2006—2015 年沪、深两市 A 股上市公司的年度数据作为观测样本。依据一定筛选标准经过层层剔除，共获得 7 076 个有效的观测样本。原始数据主要来自 WIND（万得）数据库和 CSMAR（国泰安）数据库，并经过手工整理和计算后形成研究所需数据。运用 STATA12.0 统计软件对数据进行分析。为排除离群值的影响，我们对所有连续变量进行 1% 和 99% 的 winsorize 处理。

6.3.2 变量设计

（1）被解释变量

本章采用传统的事件研究法，通过分析业绩预告公告日前后一定事件窗内累计超额收益率的变化来研究上市公司业绩预告行为的市场反应。事件研究法的基本步骤如下：

首先，确定事件日。本章以上市公司业绩预告公告日为事件日，如果发布有修正公告，则以最后一次业绩预告公告日为准；如果公告日是股票非交易日，则按照公告日后的第一个股票交易日来确定事件日。

其次，确定事件窗。考虑市场反应的时效性，本章选择事件日前后的 1 天、5 天、10 天、20 天来构造事件窗 [-1，+1]、[-5，+5]、[-10，+10]、[-20，+20]，并按照不同事件窗分别计算累计超额收益率。

再次，确定预期收益率。根据现有文献，预期收益率的计算方法主要有三种：均值调整法、市场调整法和风险调整法。均值调整法是指计算出某个时期内实际收益率的平均值作为预期收益率。市场调整法是指计算出某个时期内的市场组合收益率来衡量预期收益率，在实证研究中通常用综合日市场收益率来替代。风险调整法是利用资本资产定价模型、考虑股票系统风险、运用回归方法计算的理论收益率表示预期收益率。

在早期文献中，风险调整法的运用比较广泛，然而，近期越来越多的研究采用市场调整法。Brenner（1979）研究认为，市场调整法虽然简单，但与较复杂的风险调整法一样好。赵宇龙（1998）在研究中使用市场调整法确定预期收益率来计算累计超额收益率。陈汉文（2002）研究发现，相对于其他两种方法，市场模型法更容易拒绝假设，因而具有更加稳健的特点。在实践中，我国资本市场的发展还不完善，运用风险调整法计算的风险系数 β 极不稳定；股市投机、跟庄盛行也严重影响着风险系数 β 的有效性。因此，本章选择市场调整法确定预期收益率。

实证研究中，综合日市场收益率有三种计算方法：等权平均法、流通市值加权平均法和总市值加权平均法。等权平均法没有考虑公司之间股本的大小；总市值加权平均法忽略了我国上市公司发行大量非流通股份的现实，同时，由于现金红利的发放是影响收益率的重要因素，因此本章采用考虑现金红利再投资、运用流通市值加权平均法计算的综合日市场收益率作为预期收益率的替代变量。

最后，计算超额收益率和累计超额收益率。超额收益率（abnormal returns，AR）等于股票的实际收益率减去预期收益率。用公式表示则为

$$AR_{i,t} = R_{i,t} - R_{m,t} \tag{1}$$

其中，$AR_{i,t}$ 为股票 i 在第 t 日的超额收益率，$R_{i,t}$ 为股票 i 在第 t 日的实际收益率，$R_{m,t}$ 为第 t 日考虑现金红利再投资、运用流通市值加权平均法计算的综合日市场收益率。

累计超额收益率（cumulative average returns，CAR）是指股票 i 在事件窗（$t_1，t_2$）内超额收益率之和。用公式表示则为

$$CAR_{i,(t_1,t_2)} = \sum_{t=t_1}^{t_2} AR_{i,t} \tag{2}$$

根据本章的数据结构和变量特征，我们采用累计超额收益率 CAR 的绝对值作为被解释变量。

（2）解释变量

根据高敬忠等（2011）、王玉涛和王彦超（2012）、马连福等（2013）的研究文献，我们用"三性"来刻画公司业绩预告特征：精确性、准确性、及时性。其中，用精确性和准确性来刻画业绩预告信息特征，用及时性来刻画业绩预告行为特征。

本章对精确性（Precision）、准确性（Accuracy）和及时性（Timeliness）的界定参照前文第 4 章变量定义，此处不再赘述。

（3）控制变量

参照 Pownall 等（1993）、罗玫和宋云玲（2012）等的研究模型，我们控制了产权属性（State）、盈余增长性（Eincrease）、市净率（MB）、公司规模（Size）、财务杠杆（Leverage）、上市地（Place）。此外，为了控制行业效应和时间效应，本章还引入了行业虚拟变量和年度虚拟变量。具体的变量定义见表 6.1。

表 6.1　变量定义及计算方法

	变量符号	变量名称	变量定义
被解释变量	CAR	市场反应	事件窗内累计超额收益率的绝对值，这里的事件窗包括 [-1, +1]、[-5, +5]、 [-10, +10]、[-20, +20]
解释变量	Precision	业绩预告信息形式上的精确性	业绩预告信息形式上的精确性，见前文第 4 章公式（1）
	Accuracy	业绩预告信息实质上的准确性	业绩预告信息实质上的准确性，见前文第 4 章公式（2）
	Timeliness	业绩预告的及时性	业绩预告日至财务报告日之间的时间间隔，取对数

	变量符号	变量名称	变量定义
控制变量	State	产权属性	虚拟变量，国有企业为1，非国有企业为0
	Eincrease	盈余增长性	虚拟变量，本期盈余高于上期盈余取1，否则为0
	MB	市净率	市净率＝每股市价÷每股净资产
	Size	公司规模	用公司市值的自然对数衡量
	Leverage	财务杠杆	用资产负债率来衡量公司的偿债能力
	Place	上市地	虚拟变量，上交所为1，深交所为0
	Industry	行业虚拟变量	根据证监会分类标准，制造业按两位代码分类，其他行业按一位代码分类，分别设置相应的虚拟变量
	Year	年度虚拟变量	本章对2006—2015年度分别设置相应的虚拟变量

6.3.3 模型设计

根据前述研究假设和变量选取的分析构建如下多元回归模型，分析公司业绩预告行为的市场反应：

$$CAR = \beta_0 + \beta_1 Precision_{it} + \beta_2 State_{it} + \beta_3 Eincrease_{it} + \beta_4 MB_{it} + \beta_5 Size_{it} + \beta_6 Leverage_{it}$$
$$+ \beta_7 Place_{it} + \sum Industry + \sum Year + \varepsilon_{it} \qquad （Ⅰ）$$

$$CAR = \beta_0 + \beta_1 Accuracy_{it} + \beta_2 State_{it} + \beta_3 Eincrease_{it} + \beta_4 MB_{it} + \beta_5 Size_{it} + \beta_6 Leverage_{it}$$
$$+ \beta_7 Place_{it} + \sum Industry + \sum Year + \varepsilon_{it} \qquad （Ⅱ）$$

$$CAR = \beta_0 + \beta_1 Timeliness_{it} + \beta_2 State_{it} + \beta_3 Eincrease_{it} + \beta_4 MB_{it} + \beta_5 Size_{it} + \beta_6 Leverage_{it}$$
$$+ \beta_7 Place_{it} + \sum Industry + \sum Year + \varepsilon_{it} \qquad （Ⅲ）$$

通过增加公司业绩预告的"三性"与股权激励虚拟变量（Dequity_ plan）的交乘项 Precision×Dequity_ plan、Accuracy×Dequity_ plan、Timeliness×Dequity_ plan，构建如下回归模型，分析实施股权激励计划条件下公司业绩预告行为的市场反应：

$$CAR = \beta_0 + \beta_1 Precision_{it} + \beta_2 Precision \times Dequity\_ plan + \beta_3 Dequity\_ plan +$$
$$\beta_4 State_{it}$$

$$+\beta_5 Eincrease_{it}+\beta_6 MB_{it}+\beta_7 Size_{it}+\beta_8 Leverage_{it}+\beta_9 Place_{it}$$
$$+\sum Industry+\sum Year+\varepsilon_{it} \quad\quad\quad （Ⅳ）$$
$$CAR=\beta_0+\beta_1 Accuracy_{it}+\beta_2 Accuracy\times Dequity\_plan+\beta_3 Dequity\_plan+\beta_4 State_{it}$$
$$+\beta_5 Eincrease_{it}+\beta_6 MB_{it}+\beta_7 Size_{it}+\beta_8 Leverage_{it}+\beta_9 Place_{it}$$
$$+\sum Industry+\sum Year+\varepsilon_{it} \quad\quad\quad （Ⅴ）$$
$$CAR=\beta_0+\beta_1 Timeliness_{it}+\beta_2 Timeliness\times Dequity\_plan+\beta_3 Dequity\_plan+\beta_4$$
$$State_{it}+\beta_5 Eincrease_{it}+\beta_6 MB_{it}+\beta_7 Size_{it}+\beta_8 Leverage_{it}+\beta_9 Place_{it}$$
$$+\sum Industry+\sum Year+\varepsilon_{it} \quad\quad\quad （Ⅵ）$$

6.4　检验结果

6.4.1　描述性统计分析

样本描述性统计见表 6.2。

表 6.2　样本描述性统计表

variable	N	mean	sd	min	median	max
CAR［−1，+1］	7 076	0.040 0	0.040 0	0	0.030 0	0.190
CAR［−5，+5］	6 970	0.070 0	0.060 0	0	0.050 0	0.320
CAR［−10，+10］	6 693	0.090 0	0.080 0	0	0.070 0	0.430
CAR［−20，+20］	2 284	0.130	0.110	0	0.100	0.530
Precision	7 076	0.260	0.320	0	0.180	2
Accuracy	7 076	0.210	0.450	0	0.080 0	3.340
Timeliness	7 076	4.460	0.520	2.770	4.480	5.210
State	7 076	0.260	0.440	0	0	1
Eincrease	7 076	0.410	0.490	0	0	1
MB	7 076	4.900	4.880	0.650	3.400	34.03
Size	7 076	12.97	0.890	11.20	12.89	15.41
Leverage	7 076	0.400	0.230	0.040 0	0.380	0.970
Place	7 076	0.110	0.310	0	0	1

表 6.2 给出了主要变量的描述性统计结果。可以看出，随着时间窗的推移，累积超额收益率 CAR 的均值（mean）、标准差（sd）、中位数（median）、

最大值（max）逐渐增大，而样本观测值（N）逐渐减少，主要是因为，公司股票交易会由于种种原因而暂停或中断，为保证研究样本的连续性，剔除了暂停或中断的交易数据。在解释变量中，精确性（Precision）的平均水平为26%，中位数为18%，说明大多数公司在业绩预告时选择的区间宽度都比较小，形式上的信息质量较高。准确性（Accuracy）的平均水平为21%，中位数为8%，说明大多数公司业绩预告净利润偏离净利润实际值的幅度都在均值以下，实质上的信息质量也较高。及时性（Timeliness）的均值为4.46，中位数为4.48，大约有一半的公司业绩预告日至财务报告日之间的时间间隔在平均值以上，业绩预告比较及时。

表6.3提供了主要变量之间的相关系数。表6.3中的数据显示，业绩预告形式上的精确性（Precision）和实质上的准确性（Accuracy）与CAR之间基本上呈现显著的负相关关系，这表明，业绩预告具有信息含量，能够引起明显的市场反应，信息质量越高，市场反应越强烈；业绩预告及时性（Timeliness）与CAR之间基本上呈现显著的负相关关系，这表明，业绩预告的及时性增强，市场反应减弱。上述结论初步支持了研究假设。

表 6.3　主要变量相关系数

	CAR[-1, +1]	CAR[-5, +5]	CAR[-10, +10]	Precision	Accuracy	Timeliness	State	Eincrease	MB	Size	Leverage	Place
CAR[-1, +1]	1.00	0.32***	0.24***	-0.02*	-0.02*	-0.04**	-0.05***	0.03**	0.15***	0.07***	-0.01	-0.04**
CAR[-5, +5]	0.46***	1.00	0.46***	-0.05***	-0.05***	-0.09***	-0.07***	0.02	0.16***	0.04**	-0.06***	-0.01
CAR[-10, +10]	0.33***	0.60***	1.00	-0.04**	-0.03*	-0.04**	-0.08***	0.02	0.19***	0.08***	-0.04**	-0.02
Precision	-0.02*	-0.04**	-0.03*	1.00	0.34***	0.28***	-0.08***	-0.13***	-0.06***	-0.04**	-0.05***	-0.18***
Accuracy	-0.03*	-0.03*	-0.00	0.33***	1.00	0.11***	0.15***	-0.01	-0.09***	-0.09***	0.26***	0.07***
Timeliness	-0.07***	-0.10***	-0.08***	0.13***	0.01	1.00	-0.12***	-0.02	-0.05***	0.05***	-0.04**	-0.21***
State	-0.05***	-0.06***	-0.08***	0.01	0.11***	-0.11***	1.00	0.08***	-0.13***	0.07***	0.36***	0.24***
Eincrease	0.03**	0.04**	0.02*	-0.10***	-0.01	-0.03*	0.08***	1.00	0.12***	0.12***	0.11***	0.06***
MB	0.12***	0.12***	0.14***	-0.05***	0.01	-0.10***	-0.07***	0.07***	1.00	0.36***	-0.05***	-0.01
Size	0.05***	0.03***	0.05***	-0.07***	-0.07***	0.04**	0.08***	0.12***	0.22***	1.00	0.07***	0.03***
Leverage	-0.02*	-0.05***	-0.04**	0.03*	0.16***	-0.06***	0.36***	0.10***	0.08***	0.05***	1.00	0.25***
Place	-0.03*	-0.01	-0.02	-0.06***	0.06***	-0.21***	0.24***	0.06***	0.10***	0.03***	0.26***	1.00

注：下三角为 Pearson 相关系数，上三角为 Spearman 相关系数；*、**、*** 分别表示在 10%、5% 和 1% 水平上显著。

6.4.2 回归结果分析

（1）对研究假设一进行检验

基于模型（Ⅰ）、（Ⅱ）、（Ⅲ），我们进行回归分析，得出如表 6.4① 所示结果。由回归结果可以看出，在方程（1）和（2）中，精确性（Precision）和准确性（Accuracy）对 CAR［-1，+1］的影响系数均为负数，且均在 10%水平上显著，这表明，业绩预告形式上的精确性（Precision）和实质上的准确性（Accuracy）的取值与 CAR［-1，+1］是负相关关系，而精确性（Precision）和准确性（Accuracy）的取值与业绩预告信息特征质量之间是反比例关系，因此，业绩预告信息特征质量与市场反应之间是正相关关系，随着业绩预告形式上的精确性和实质上的准确性提高，信息特征质量提高，市场反应将愈加强烈。研究假设 H1a 通过了检验。在方程（3）中，及时性（Timeliness）对 CAR［-1，+1］的影响系数为负数，且在 1%水平上显著，这表明，业绩预告及时性（Timeliness）与 CAR［-1，+1］是负相关关系，业绩预告及时性增强，市场反应减弱。对此合理的解释是，业绩预告的公告日越早，其偏离实际的概率就越大，业绩预告的信息含量越少，信息质量越低，因此，其市场反应就越弱。该结论为业绩预告及时性的"两面性"特征提供了实证证据，要求公司高管对信息披露时间进行权衡考虑并做出恰当安排。研究假设 H1b 通过了检验。在方程（4）、（5）和（6）中，精确性（Precision）、准确性（Accuracy）和及时性（Timeliness）对 CAR［-5，+5］的影响系数均为负数，且分别在 10%、5%和 1%水平上显著，这表明，业绩预告信息特征质量越高，市场反应越强烈；业绩预告及时性增强，市场反应减弱，再次验证了第一个研究假设。

此外，在方程（7）、（8）和（9）中，除了及时性（Timeliness）对 CAR［-10，+10］的影响显著外，精确性（Precision）和准确性（Accuracy）的市场反应已不再显著。根据解释变量影响系数的大小和显著性的高低，业绩预告行为的市场反应在事件窗［-1，+1］内已经开始显现，至事件窗［-5，+5］内达到最强烈，到事件窗［-10，+10］时市场反应已经减弱，因此，随着时间窗的推移，业绩预告行为的市场反应呈倒"U"形分布。对此合理的解释是，资本市场中的投资者对公司业绩预告行为的解读和利用需要一个过程，在

---

① 我们也曾尝试把 Precision、Accuracy 和 Timeliness 加入同一模型来研究公司业绩预告行为市场反应的边际效应，可能是由于共线性或其他原因，严重影响到各变量系数的显著性水平，鉴于此，我们省略了相关的回归结果分析。

事件窗［-5，+5］内达到最佳的信息利用状态，市场反应最强烈。

上述实证结论表明，公司业绩预告行为具有显著的信息含量，对资本市场的股票价格具有显著影响，其市场反应的反向性特征（增强或减弱）比较明显。然而，遗憾的是，我们在实证分析中却未能发现业绩预告行为与股票价格之间正向或负向的单调性关系，也就是说，我们仅仅发现了业绩预告行为存在着市场反应程度，但却并不知道这种市场反应程度是促进股价上涨还是导致股价下跌，这可能与我国资本市场和业绩预告实践的发展程度等有关。（在实证分析中，事件窗内累计超额收益率 CAR 取的是绝对值，如果去掉绝对值，业绩预告行为的的市场反应就不再显著）。

（2）对研究假设二进行检验

我们以高管持股虚拟变量作为分类标准，按照高管是否持有本公司股权把全部样本分为高管持股组和非高管持股组，分组检验在高管持股条件下公司业绩预告行为的市场反应。基于模型（I）、（II）、（III），我们分别进行回归分析，得出如表 6.5 所示结果。在高管持股组，由回归结果可以看出，在方程（1）和（2）中，精确性（Precision）和准确性（Accuracy）对 CAR［-1，+1］的影响系数均为负数，且分别在 5% 和 10% 水平上显著，这表明，高管持股条件下，业绩预告形式上的精确性和实质上的准确性提高，信息特征质量提高，市场反应愈强烈。相比之下，准确性（Accuracy）的显著性水平较低，可能的解释是，准确性（Accuracy）是用业绩预告数值与滞后的财务报告净利润实际值之间的偏差来衡量，这种滞后比较特征妨碍了该变量的应用，使得资本市场中的投资者较难在业绩预告发布时判断其准确性大小和信息质量高低，从而导致其显著性水平较低。同时也表明，变量准确性（Accuracy）在研究业绩预告影响因素的内在规律方面存在着一定价值，但在研究业绩预告市场反应方面并非一个好的指标，需要寻找更好的指标来替代。研究假设 H2a 通过了检验。在方程（3）中，及时性（Timeliness）对 CAR［-1，+1］的影响系数为负数，且在 1% 水平上显著，这表明，高管持股条件下，业绩预告及时性增强，市场反应减弱。此结论有悖常理，一般认为，高管持股能够促进业绩预告及时性提高，从而为资本市场提供及时有效信息，市场反应理应增强而不是减弱，对此可能的解释是：一方面，因为事件窗内累计超额收益率 CAR 取的是绝对值，市场反应减弱也可能是股价下跌的速度和幅度降低，这同样验证了高管持股的有效性。另一方面，这恰恰诠释了业绩预告及时性的"两面性"特征，即使在高管持股条件下，业绩预告及时性也并非是越早越好，而是存在着一个"适度"披露时间。研究假设 H2b 通过了实证检验。在方程（4）、（5）和（6）中，解释变量精确性（Precision）、准确性（Accuracy）和及时性（Timeliness）的影响系数的绝对值增大，这表明，随着时间窗的推移，业绩预告行为的市场反应增强。

在非高管持股组，除了在方程（5）中准确性（Accuracy）对 CAR［−5，+5］的影响在10%水平上显著外，其他情况下的市场反应都不显著。这表明，在非高管持股条件下，业绩预告行为的市场反应并不明显。

综合上述分析，相对于非高管持股，高管持股能够促进业绩预告信息特征质量提高，市场反应增强；高管持股能够促进业绩预告及时性提高，市场反应减弱。这与我们的预期有所不同，我们的预期是，高管持股对公司业绩预告行为具有激励效应，进而能够提升股票价格。但是，实证结论表明，高管持股条件下，业绩预告行为的市场反应具有反向性特征（增强或减弱）。由于我们在实证分析中未能发现业绩预告行为与股票价格之间正向或负向的单调性关系，这也为这种反向性市场反应特征提供了合理解释的空间。

（3）对研究假设三进行检验

基于模型（Ⅳ）、（Ⅴ）和（Ⅵ），我们进行回归分析，得出如表6.6所示结果。由回归结果可以看出，在模型中加入股权激励计划虚拟变量（Dequity_plan）及有关交乘项后，解释变量精确性（Precision）、准确性（Accuracy）和及时性（Timeliness）的系数符号和显著性与表6.4中的估计结果基本一致，符合我们的预期，再次验证了第一个研究假设的结论。从表6.6中可以看出，在方程（1）和（2）中，交乘项 Precision×Dequity_plan 和 Accuracy×Dequity_plan 对 CAR［−1，+1］的影响系数为负数，且分别在10%和5%水平上显著，这表明，实施股权激励计划能够增强业绩预告形式上的精确性和实质上的准确性的市场反应程度，即实施股权激励计划能够增强业绩预告信息特征的市场反应程度。研究假设 H3a 通过了检验。在方程（3）中，交乘项 Timeliness×Dequity_plan 对 CAR［−1，+1］的影响不显著，这与结论（Dequity_plan 对及时性 Timeliness 的直接影响不显著）是一致的，研究假设 H3b 通过了检验。

在方程（4）、（5）、（6）、（7）、（8）和（9）中，交乘项 Precision×Dequity_plan、Accuracy×Dequity_plan 和 Timeliness×Dequity_plan 的影响基本上都不显著，这说明，相对于高管持股激励形式来说，实施股权激励计划的短期效应较为明显，在事件窗［−1，+1］内，实施股权激励计划对业绩预告行为的市场反应具有明显影响，随着时间窗的推移，这种影响逐渐减弱。

表 6.4　公司业绩预告行为的市场反应

	(1) CAR [-1, +1]	(2) CAR [-1, +1]	(3) CAR [-1, +1]	(4) CAR [-5, +5]	(5) CAR [-5, +5]	(6) CAR [-5, +5]	(7) CAR [-10, +10]	(8) CAR [-10, +10]	(9) CAR [-10, +10]
Precision	-0.002*			-0.006**			-0.005		
	(-1.66)			(-2.19)			(-1.62)		
Accuracy		-0.002*			-0.003**			0.002	
		(-1.67)			(-2.28)			(0.67)	
Timeliness			-0.006***			-0.014***			-0.015**
			(-5.81)			(-8.39)			(-2.44)
State	-0.002	-0.002	-0.002*	-0.002	-0.002	-0.003*	-0.010***	-0.011***	-0.011***
	(-1.45)	(-1.40)	(-1.86)	(-1.26)	(-1.24)	(-1.86)	(-4.22)	(-4.33)	(-4.74)
Eincrease	0.003***	0.003***	0.003***	0.005***	0.005***	0.005***	0.005***	0.005**	0.005**
	(3.25)	(3.36)	(3.33)	(3.24)	(3.44)	(3.40)	(2.29)	(2.45)	(2.34)
MB	0.001***	0.001***	0.001***	0.001***	0.001***	0.001***	0.002***	0.002***	0.002***
	(5.93)	(5.98)	(5.47)	(6.90)	(7.00)	(6.28)	(6.45)	(6.49)	(5.89)
Size	-0.001	-0.001	-0.000	-0.002*	-0.002	-0.001	-0.001	-0.001	-0.000
	(-1.17)	(-1.15)	(-0.68)	(-1.67)	(-1.57)	(-0.98)	(-0.69)	(-0.47)	(-0.24)
Leverage	-0.000	-0.000	-0.000	-0.008**	-0.008**	-0.008**	-0.002	-0.003	-0.001

表6.4(续)

	(1) CAR [-1, +1]	(2) CAR [-1, +1]	(3) CAR [-1, +1]	(4) CAR [-5, +5]	(5) CAR [-5, +5]	(6) CAR [-5, +5]	(7) CAR [-10, +10]	(8) CAR [-10, +10]	(9) CAR [-10, +10]
	(-0.17)	(-0.08)	(-0.14)	(-2.19)	(-2.12)	(-2.19)	(-0.30)	(-0.48)	(-0.26)
Place	-0.004***	-0.004***	-0.006***	-0.003	-0.002	-0.007***	-0.005	-0.005	-0.010***
	(-2.71)	(-2.61)	(-3.81)	(-1.04)	(-0.83)	(-2.63)	(-1.60)	(-1.47)	(-2.86)
Industry	Control	Control	Control	Control	Control	Control	Control	Control	Control
Year	Control	Control	Control	Control	Control	Control	Control	Control	Control
_cons	0.047***	0.046***	0.070***	0.084***	0.082***	0.137***	0.093***	0.088***	0.154***
	(6.02)	(5.93)	(7.81)	(6.86)	(6.64)	(9.62)	(5.43)	(5.12)	(7.56)
N	7 076	7 076	7 076	6 970	6 970	6 970	6 693	6 693	6 693
r2_a	0.032	0.032	0.038	0.030	0.029	0.040	0.044	0.044	0.051
F	8.04	8.04	9.08	7.26	7.19	8.93	9.55	9.54	10.64

注：括号内为 t 统计量值；*、**、*** 分别表示在 10%、5% 和 1% 水平上显著。

表 6.5　高管持股条件下公司业绩预告行为的市场反应

	高管持股组						非高管持股组					
	(1) CAR[-1, +1]	(2) CAR[-1, +1]	(3) CAR[-1, +1]	(4) CAR[-5, +5]	(5) CAR[-5, +5]	(6) CAR[-5, +5]	(1) CAR[-1, +1]	(2) CAR[-1, +1]	(3) CAR[-1, +1]	(4) CAR[-5, +5]	(5) CAR[-5, +5]	(6) CAR[-5, +5]
Precision	-0.003** (-1.99)			-0.006** (-2.17)			0.001 (0.14)			-0.005 (-1.11)		
Accuracy		-0.001* (-1.74)			-0.002* (-1.79)			-0.004 (-1.46)			-0.006* (-1.71)	
Timeliness			-0.006*** (-5.52)			-0.015*** (-8.36)			-0.004 (-1.28)			-0.009 (-1.15)
State	-0.001 (-0.76)	-0.001 (-0.80)	-0.002 (-1.08)	-0.003 (-1.38)	-0.003 (-1.39)	-0.004* (-1.83)	-0.001 (-0.43)	-0.001 (-0.39)	-0.001 (-0.58)	-0.000 (-0.05)	-0.000 (-0.04)	-0.001 (-0.31)
Eincrease	0.001 (1.04)	0.001 (1.24)	0.001 (1.14)	0.003** (1.99)	0.004** (2.22)	0.004** (2.13)	0.004* (1.93)	0.004* (1.91)	0.004* (1.92)	0.004 (1.31)	0.004 (1.31)	0.004 (1.31)
MB	0.001*** (7.02)	0.001*** (7.09)	0.001*** (6.69)	0.002*** (6.26)	0.002*** (6.35)	0.001*** (5.81)	0.000* (1.91)	0.000* (1.96)	0.000 (1.68)	0.001*** (2.90)	0.001*** (2.93)	0.001** (2.48)
Size	-0.000 (-0.56)	-0.000 (-0.45)	-0.000 (-0.08)	-0.002** (-2.21)	-0.002** (-2.10)	-0.002 (-1.59)	-0.001 (-0.96)	-0.002 (-1.25)	-0.001 (-0.93)	-0.002 (-0.86)	-0.002 (-1.00)	-0.001 (-0.67)

| | 高管持股组 | | | | | | 非高管持股组 | | | | | |
| | (1) | (2) | (3) | (4) | (5) | (6) | (1) | (2) | (3) | (4) | (5) | (6) |
	CAR [-1, +1]	CAR [-1, +1]	CAR [-1, +1]	CAR [-5, +5]	CAR [-5, +5]	CAR [-5, +5]	CAR [-1, +1]	CAR [-1, +1]	CAR [-1, +1]	CAR [-5, +5]	CAR [-5, +5]	CAR [-5, +5]
Leverage	-0.001	-0.001	-0.001	-0.008*	-0.009*	-0.008*	0.000	0.001	-0.000	-0.009	-0.008	-0.009
	(-0.31)	(-0.39)	(-0.31)	(-1.85)	(-1.88)	(-1.85)	(0.00)	(0.11)	(-0.00)	(-1.13)	(-1.05)	(-1.16)
Place	-0.005***	-0.005***	-0.007***	-0.003	-0.002	-0.007**	-0.001	-0.000	-0.002	-0.002	-0.001	-0.004
	(-2.71)	(-2.60)	(-3.57)	(-0.86)	(-0.70)	(-2.29)	(-0.20)	(-0.19)	(-0.67)	(-0.45)	(-0.32)	(-0.96)
Industry	Control	Control	Control	Control	Control	Control	Control	Control	Control	Control	Control	Control
Year	Control	Control	Control	Control	Control	Control	Control	Control	Control	Control	Control	Control
_cons	0.045***	0.043***	0.069***	0.098***	0.095***	0.156***	0.054***	0.061***	0.072***	0.098***	0.102***	0.131***
	(4.97)	(4.79)	(6.65)	(6.82)	(6.63)	(9.45)	(3.16)	(3.45)	(3.54)	(3.37)	(3.46)	(3.72)
N	5 622	5 622	5 622	5 538	5 538	5 538	1 454	1 454	1 454	1 432	1 432	1 432
r2_a	0.034	0.033	0.039	0.038	0.037	0.051	0.015	0.017	0.017	0.015	0.017	0.019
F	6.79	6.70	7.59	7.12	6.88	8.88	2.94	2.05	2.98	2.19	2.37	2.24

注：括号内为 t 统计量值；*、**、*** 分别表示在 10%、5% 和 1% 水平上显著。

表6.6 实施股权激励计划条件下公司业绩预告行为的市场反应

	(1) CAR [−1, +1]	(2) CAR [−1, +1]	(3) CAR [−1, +1]	(4) CAR [−5, +5]	(5) CAR [−5, +5]	(6) CAR [−5, +5]	(7) CAR [−10, +10]	(8) CAR [−10, +10]	(9) CAR [−10, +10]
Precision	−0.002* (−1.77)			−0.006** (−2.37)			−0.005 (−1.41)		
Precision×Dequity_plan	−0.007* (−1.80)			−0.014 (−1.16)			−0.015 (−0.87)		
Accuracy		−0.001* (−1.76)			−0.003** (−2.09)			0.002 (0.73)	
Accuracy×Dequity_plan		−0.010** (−2.20)			−0.007 (−0.97)			−0.001 (−0.08)	
Timeliness			−0.006*** (−5.37)			−0.013*** (−7.70)			−0.015*** (−6.09)
Timeliness×Dequity_plan			−0.002 (−0.69)			−0.009 (−1.45)			−0.004 (−0.45)
Dequity_plan	0.004 (1.34)	0.003 (1.58)	0.012 (0.80)	0.006 (1.39)	0.004 (1.18)	0.043 (1.49)	0.011* (1.79)	0.009* (1.73)	0.025 (0.62)

	(1) CAR [−1, +1]	(2) CAR [−1, +1]	(3) CAR [−1, +1]	(4) CAR [−5, +5]	(5) CAR [−5, +5]	(6) CAR [−5, +5]	(7) CAR [−10, +10]	(8) CAR [−10, +10]	(9) CAR [−10, +10]
State	−0.002	−0.002	−0.002*	−0.002	−0.002	−0.003*	−0.010***	−0.010***	−0.011***
	(−1.32)	(−1.27)	(−1.72)	(−1.15)	(−1.12)	(−1.73)	(−3.99)	(−4.09)	(−4.49)
Eincrease	0.003***	0.003***	0.003***	0.005***	0.005***	0.005***	0.005**	0.005**	0.005**
	(3.12)	(3.22)	(3.24)	(3.14)	(3.35)	(3.37)	(2.12)	(2.30)	(2.21)
MB	0.001***	0.001***	0.001***	0.001***	0.001***	0.001***	0.002***	0.002***	0.002***
	(5.93)	(5.98)	(5.48)	(6.89)	(7.00)	(6.29)	(6.45)	(6.49)	(5.90)
Size	−0.001	−0.001	−0.000	−0.002*	−0.002*	−0.001	−0.001	−0.001	−0.001
	(−1.27)	(−1.25)	(−0.77)	(−1.75)	(−1.66)	(−1.06)	(−0.84)	(−0.62)	(−0.39)
Leverage	−0.000	−0.000	−0.000	−0.008**	−0.008**	−0.008**	−0.001	−0.002	−0.001
	(−0.15)	(−0.07)	(−0.12)	(−2.17)	(−2.11)	(−2.16)	(−0.27)	(−0.46)	(−0.23)

表 6.6（续）

	(1)	(2)	(3)	(4)	(5)	(6)	(7)	(8)	(9)
	CAR [−1, +1]	CAR [−1, +1]	CAR [−1, +1]	CAR [−5, +5]	CAR [−5, +5]	CAR [−5, +5]	CAR [−10, +10]	CAR [−10, +10]	CAR [−10, +10]
Place	−0.004***	−0.004**	−0.006***	−0.002	−0.002	−0.006**	−0.005	−0.005	−0.009***
	(−2.66)	(−2.56)	(−3.73)	(−0.99)	(−0.79)	(−2.53)	(−1.51)	(−1.39)	(−2.75)
Industry	Control	Control	Control	Control	Control	Control	Control	Control	Control
Year	Control	Control	Control	Control	Control	Control	Control	Control	Control
_cons	0.047***	0.047***	0.069***	0.085***	0.083***	0.135***	0.095***	0.090***	0.154***
	(6.08)	(5.99)	(7.67)	(6.90)	(6.69)	(9.31)	(5.53)	(5.22)	(7.49)
N	7 076	7 076	7 076	6 970	6 970	6 970	6 693	6 693	6 693
r2_a	0.032	0.033	0.037	0.030	0.029	0.040	0.045	0.044	0.051
F	7.60	7.75	8.63	6.88	6.77	8.43	9.03	9.00	10.04

注：括号内为 t 统计量值；*、**、*** 分别表示在 10%、5% 和 1% 水平上显著。

（4）进一步分析业绩预告未预期盈余对股票价格的影响

为了进一步检验公司业绩预告行为与股票价格之间的单调性关系，我们引入前置比较变量"未预期盈余"（Unprofit），以克服准确性变量准确性（Accuracy）滞后比较的缺陷，有利于资本市场中的投资者在业绩预告发布时对其信息质量做出较为准确的判断。未预期盈余是指资本市场针对公司业绩预告发布时未预期到的盈余变化，即业绩预告盈余值与预期盈余值的差额。Ball 和 Brown（1968）研究认为，公司盈余一般具有随机游走的特点。借鉴罗玫和宋云玲（2012）、张馨艺等（2012）的研究方法，我们用随机游走模型来界定业绩预告中的未预期盈余信息。

$$Unprofit = \frac{（业绩预告净利润上限 + 业绩预告净利润下限）/2 - 第三季度净利润}{第三季度季末资产总额}$$

(3)

之所以选择第三季度的盈余数据进行计量，是因为公司的年度业绩预告基本上都是在第三季度之后发布，此时，前三季度的盈余信息已经为资本市场所消化，对于此后没有预期到的盈余变化将反映在业绩预告的市场反应之中。

参考相关文献，我们控制了市盈率（PE）、流通股股本（Cstock）、股权集中度（Conequity）、产权属性（State）、行业效应和时间效应。

在这里，我们去掉事件窗内累计超额收益率 CAR 的绝对值后进行回归分析，得出如表 6.7 所示结果。由回归结果可以看出，在方程（1）、（2）和（3）中，Unprofit 对 CAR［-1，+1］、CAR［-5，+5］、CAR［-10，+10］的影响系数均为正数，且均在 1% 水平上显著，这表明，业绩预告未预期盈余与股票价格之间是正相关关系，未预期盈余越大，股票价格越高；由解释变量影响系数的大小可以看出，随着时间窗的推移，相关性增强，至事件窗［-5，+5］内达到最强，随后渐趋减弱。在方程（4）中，Unprofit 对 CAR［-20，+20］的影响系数为正数，但不显著，这表明，在事件窗［-20，+20］内，未预期盈余的影响已不再明显。

表 6.7　业绩预告未预期盈余对股票价格的影响

	（1）	（2）	（3）	（4）
	CAR ［-1，+1］	CAR ［-5，+5］	CAR ［-10，+10］	CAR ［-20，+20］
Unprofit	0. 205 ***	0. 223 ***	0. 163 ***	0. 166
	（7. 92）	（5. 34）	（2. 90）	（1. 58）

表6.7(续)

	(1)	(2)	(3)	(4)
	CAR [−1, +1]	CAR [−5, +5]	CAR [−10, +10]	CAR [−20, +20]
PE	0.000	−0.000	0.001	−0.001
	(0.05)	(−0.75)	(1.19)	(−1.17)
Cstock	−0.003 ***	−0.006 ***	−0.008 ***	−0.017 ***
	(−3.06)	(−3.10)	(−3.38)	(−3.42)
Conequity	0.000	−0.000	−0.000 **	0.000
	(0.10)	(−0.42)	(−2.14)	(0.91)
State	0.004 *	0.006 *	0.004	−0.003
	(1.88)	(1.67)	(0.83)	(−0.30)
Industry	Control	Control	Control	Control
Year	Control	Control	Control	Control
_ cons	0.074 ***	0.139 ***	0.213 ***	0.333 ***
	(3.22)	(3.78)	(4.38)	(3.32)
N	3 130	3 090	2 968	1 148
r2_ a	0.034	0.027	0.034	0.093
F	4.18	3.58	4.70	5.22

注：括号内为 t 统计量值；*、**、*** 分别表示在 10%、5%和 1%水平上显著。

（5）进一步分析自愿业绩预告和强制业绩预告的市场反应差异

本书把公司业绩预告行为划分为自愿业绩预告和业绩预告特征两部分，前文主要研究了业绩预告特征（信息特征和行为特征）的市场反应，此处试图对自愿业绩预告的市场反应进行探究。由于共线性的存在，我们无法得到业绩预告虚拟变量（是否进行业绩预告）市场反应的回归结果，因此，我们在这里主要研究自愿业绩预告和强制业绩预告的市场反应差异。

Easterbrook 和 Fischel（1984）研究认为，强制性披露可以促使公司披露更多市场所需信息。Wee 等（2014）研究发现，当公司业绩有重大不利变化时，会对外披露更多信息，以减缓资本市场可能出现的不利反应。Bonaime（2015）研究表明，强制性披露有利于提高公司的信息披露水平和信息透明度，并降低资本成本和减轻市场价值偏离程度。高敬忠和王英允（2014）选取 2008 年第

1季度至2010年第4季度的公司业绩预告数据进行实证分析，结果发现，强制业绩预告的形式上精确性显著高于自愿业绩预告的情形，但其实质上的准确性并不高于自愿业绩预告的情形。上述研究成果表明，强制性信息披露能够为资本市场提供更多信息，具有更多的信息含量。

在我国现行的业绩预告制度背景下，当公司业绩趋势出现较大波动（增减50%以上）、反转（亏损或扭亏）时，公司必须进行业绩预告，以平滑财务报告披露时对资本市场的剧烈冲击，除此之外的预期业绩变化情形，公司可以选择自愿业绩预告。我们预期，相对于自愿业绩预告来说，强制业绩预告包含更多的信息含量，市场反应更加强烈。

借鉴罗玫和宋云玲（2012）的研究方法，设置解释变量业绩预告虚拟变量（Dperformance），自愿业绩预告的Dperformance＝1，强制业绩预告的Dperformance＝0。为使估计结果更加准确，我们在有效观测样本的基础上增加了定性披露和开区间披露业绩预告的上市公司观测值。参考模型设计控制相关变量后，我们进行回归分析，得出如表6.8所示结果。由回归结果可以看出，在方程（1）、（2）和（3）中，业绩预告虚拟变量（Dperformance）对CAR［−1，+1］、CAR［−5，+5］、CAR［−10，+10］的影响系数均为负数，且分别在1%和5%水平上显著，这表明，相对于自愿业绩预告来说，强制业绩预告包含更多的信息含量，市场反应更加强烈，符合我们的预期。在方程（4）中，业绩预告虚拟变量（Dperformance）对CAR［−20，+20］的影响系数为正数，但不显著，这表明，在事件窗［−20，+20］内，自愿业绩预告和强制业绩预告的市场反应差异已不再明显。

表6.8　自愿业绩预告与强制业绩预告的市场反应

	（1）	（2）	（3）	（4）
	CAR ［−1，+1］	CAR ［−5，+5］	CAR ［−10，+10］	CAR ［−20，+20］
Dperformance	−0.003***	−0.002**	−0.005**	0.008
	（−3.93）	（−2.11）	（−2.55）	（1.61）
State	−0.002*	−0.002	−0.006***	−0.004
	（−1.91）	（−1.52）	（−3.07）	（−1.03）
Eincrease	0.001*	0.003***	0.004***	0.012***
	（1.89）	（2.72）	（2.59）	（3.21）

表6.8(续)

	（1）	（2）	（3）	（4）
	CAR [-1, +1]	CAR [-5, +5]	CAR [-10, +10]	CAR [-20, +20]
MB	0.001 ***	0.001 ***	0.002 ***	0.001 ***
	(6.74)	(8.09)	(7.92)	(3.52)
Size	-0.001 *	-0.002 ***	-0.002 ***	-0.004 **
	(-1.91)	(-2.86)	(-2.69)	(-2.01)
Leverage	-0.001	-0.005	-0.005	-0.017 **
	(-0.58)	(-1.64)	(-1.20)	(-2.10)
Place	-0.003 ***	-0.003 *	-0.006 ***	-0.014 ***
	(-2.86)	(-1.81)	(-2.92)	(-3.32)
Industry	Control	Control	Control	Control
Year	Control	Control	Control	Control
_ cons	0.054 ***	0.094 ***	0.132 ***	0.164 ***
	(9.94)	(10.47)	(11.10)	(6.91)
N	11 000	11 000	11 000	3 710
r2_ a	0.030	0.032	0.050	0.070
F	11.83	12.98	18.24	9.41

注：括号内为 t 统计量值；*、**、*** 分别表示在 10%、5% 和 1% 水平上显著。

6.5　稳健性检验

为了增强研究结论的可靠性，我们对上述研究结果进行如下的稳健性测试。

（1）我们用离散型变量重新定义业绩预告形式上的精确性（Precision）：定性预告取 0，开区间预告取 1，闭区间预告取 2，点值预告取 3。运用下面的公式（4）重新计量业绩预告实质上的准确性（Accuracy）。用离散型变量重新界定业绩预告的及时性（Timeliness）：年前预告为 0，年后预告为 1，然后重新进行上述回归分析，回归结果本质上不影响本章结论。

$$\text{Accuracy} = abs\left[\frac{(业绩预告闭区间中值 - 财务报告净利润实际值)}{平均资产总额}\right] \quad (4)$$

（2）我们用以下的公式（5）计算窗口期内的平均超额收益率 AAR，替换累积超额收益率 CAR，然后重新进行上述回归分析，回归结果与本章结论基本一致。

$$\text{AAR}_{i, (t_1, t_2)} = \sum_{t=t_1}^{t_2} AR_{i, t} \div (t_2 - t_1 + 1) \quad (5)$$

（3）我们运用风险调整法、利用资本资产定价模型估计预期收益率，重新计算超额收益率 AR 和累计超额收益率 CAR，然后重复进行上述回归分析，回归结果基本支持本章结论。

（4）考虑到可能存在的样本选择偏误和内生性问题，我们运用 Heckman 两阶段模型对公司业绩预告行为的市场反应重新进行估计：第一阶段，我们控制部分变量进行 Probit 回归分析，计算出逆米尔斯比率（Inverse Mill's Ratio）；第二阶段，将逆米尔斯比率加入模型（Ⅰ）、（Ⅱ）和（Ⅲ）进行回归分析，估计结果见表 6.9。由 Heckman 模型检验结果可以看出，修正了可能的样本选择偏误后，本章主要结论成立。

表 6.9　Heckman 模型检验结果

	(1) CAR [-1, +1]	(2) CAR [-1, +1]	(3) CAR [-1, +1]	(4) CAR [-5, +5]	(5) CAR [-5, +5]	(6) CAR [-5, +5]
Precision	-0.003**			-0.006***		
	(-1.97)			(-2.78)		
Accuracy		-0.002*			-0.003**	
		(-1.66)			(-2.16)	
Timeliness			-0.004***			-0.008***
			(-6.39)			(-7.45)
_cons	0.044***	0.043***	0.062***	0.070***	0.069***	0.107***
	(43.49)	(47.96)	(18.49)	(43.01)	(46.96)	(19.40)
mills lambda	-0.003**	-0.002*	-0.003*	-0.003	-0.002	-0.005**
	(-2.10)	(-1.86)	(-1.80)	(-1.36)	(-1.03)	(-2.00)
N	15 000	15 000	19 000	15 000	15 000	19 000

注：为了简化，仅列出主要变量的估计结果；括号内为 t 统计量值；*、**、*** 分别表示在 10%、5% 和 1% 水平上显著。

（5）我们运用 Heckman 模型分别检验了高管持股和实施股权激励计划条件下公司业绩预告行为的市场反应，检验结果与本章结论基本一致。

通过以上的稳健性测试，我们认为本章的实证结论是相对稳健的。

6.6　结论

本章主要研究股权激励条件下我国上市公司业绩预告行为的市场反应特征。通过理论分析和实证检验，我们发现，公司业绩预告行为（信息特征和行为特征）具有显著的信息含量，对资本市场的股票价格具有显著影响；股权激励条件下公司业绩预告行为的市场反应具有反向性特征（增强或减弱）。

具体来说，有以下几个方面的结论：

（1）业绩预告信息特征质量与其市场反应之间是正相关关系，随着业绩预告形式上的精确性和实质上的准确性提高，信息特征质量提高，市场反应将愈加强烈；业绩预告及时性增强，市场反应减弱；随着时间窗的推移，业绩预告行为的市场反应呈倒"U"形分布。

（2）高管持股能够促进业绩预告信息特征质量提高，市场反应增强；高管持股能够促进业绩预告及时性提高，市场反应减弱。实证结论表明，高管持股条件下，业绩预告行为的市场反应具有反向性特征（增强或减弱）。

（3）实施股权激励计划能够增强业绩预告形式上的精确性和实质上的准确性的市场反应程度，对业绩预告及时性的市场反应程度影响并不显著。随着时间窗的推移，实施股权激励计划对业绩预告行为市场反应程度的影响逐渐减弱。

（4）进一步研究发现，业绩预告的未预期盈余与股票价格之间是正相关关系，未预期盈余越大，股票价格越高；随着时间窗的推移，相关性增强，至事件窗 [-5，+5] 内达到最强，随后渐趋减弱。

（5）进一步研究发现，相对于自愿业绩预告来说，强制业绩预告包含更多的信息含量，市场反应更加强烈。

本章的实证结果未能发现公司业绩预告行为与股票价格之间正向或负向的单调性关系；股权激励条件下公司业绩预告行为的市场反应具有反向性特征，其背后机理尚待验证，对上述问题进行深入探讨可能是未来的一个研究方向。

7 研究结论、政策建议与研究展望

本章为全文的结语部分，首先总结主要的研究结论，其次依据研究过程和结论提出合理化的政策建议，最后分析存在的局限性并指出未来研究可能的拓展方向。

7.1 研究结论

本书主要研究了股权激励条件下我国上市公司业绩预告行为的前因后果，以期为上市公司强化内部管理、证券监管机构加强市场监管以及投资者调整优化决策行为提出合理化的政策建议。本书首先系统阐述了高管激励与业绩预告相关的理论基础，通过系统的文献梳理与述评，提出本书的研究问题；按照时间脉络对我国业绩预告制度的变迁进行梳理，结合高管激励类型及相关制度分析，进一步提出了多个具体的研究视角；利用我国 A 股上市公司的年度数据作为样本进行实证分析，遵循传统的实证研究范式，深入探究高管股权激励（高管持股、实施股权激励计划）对公司业绩预告行为的影响及其市场反应特征，解读实证结果并得出相应的研究结论。

7.1.1 高管持股与公司业绩预告行为

这一部分主要研究我国上市公司高管持股对公司业绩预告行为的影响，辅之以高管经验、产权性质、产品市场竞争、高管权力、薪酬激励、信息性质等密切相关变量，构筑了一个相对比较完备的研究体系。研究结果表明：第一，高管持股对公司自愿业绩预告具有激励效应，能够促进公司自愿进行业绩预告行为；高管持股对公司业绩预告特征具有激励效应，能够促进业绩预告形式上的精确性和实质上的准确性提高，及时性增强，信息的决策有用性增强，从而体现为高管协同动机。第二，高管经验并不影响高管持股对自愿业绩预告的激励效应，但高管年龄可能会弱化这种效应；高管经验并不影响高管持股对业绩预告信息特征的激励效应，但促进了高管持股对业绩预告行为特征的激励效应，其中，高管年龄可能会弱化高管持股对业绩预告精确性特征的效应。上述研究结论是"高层梯队理论"在我国上市公司业绩预告实践中的具体体现。第三，相对于非国有产权，国有产权抑制了高管持股对自愿业绩预告的激励效应，国企高管主动披露业绩预告的意愿降低；相对于非国有产权，国有产权抑制了高管持股对业绩预告信息特征的激励效应，致使业绩预告的信息质量降低，但并不影响高管持股对业绩预告行为特征的激励效应，业绩预告的及时性并没有显著变化。上述研究结论是"产权理论"在我国上市公司业绩预告实践中的具体体现。第四，在激烈的产品市场竞争条件下，高管是否持股对公司自愿业绩预告的影响没有显著差别，但随着高管持股水平的提升，公司自愿披露业绩预告的概率提高；在激烈的产品市场竞争条件下，高管持股能够提高公司业绩预告信息特征质量和行为特征质量，使得业绩预告信息质量提高，及时性增强。上述研究结论是"现代竞争理论"在我国上市公司业绩预告实践中的具体体现。第五，在股权激励和薪酬激励的共同作用下，内部薪酬差距对公司自愿业绩预告具有激励效应，能够促进公司自愿进行业绩预告行为；内部薪酬差距对公司业绩预告的准确性和及时性特征具有激励效应，业绩预告信息的决策有用性增强，从而体现为高管协同动机，然而内部薪酬差距对公司业绩预告的精确性没有显著影响；高管权力并不影响内部薪酬差距对公司业绩预告信息特征的激励效应，但却促进了内部薪酬差距对业绩预告行为特征的激励效应。上述研究结论是"高管权力理论"在我国上市公司业绩预告实践中的具体体现。第六，相对好信息而言，坏信息抑制了高管持股对业绩预告信息特征的激励效应，但对业绩预告行为特征的激励效应并没有太大影响，这在很大程度上导致坏信息业绩预告的信息质量降低，坏信息没有得到充分披露。该实证结论基本符合预期，提供了高管对不同性质信息进行选择性披露的经验证据。

7.1.2 实施股权激励计划与公司业绩预告行为

这一部分主要研究了实施股权激励计划对自愿业绩预告和业绩预告特征的影响，同时对实施股权激励计划的滞后效应和不同股权激励方式的影响差异进行了拓展分析。研究结果表明：首先，实施股权激励计划对公司自愿业绩预告具有激励效应，能够提高公司披露自愿业绩预告的概率，有助于促进公司自愿进行业绩预告行为，从而为股东和市场提供及时有效的决策信息，有利于资本市场的健康良性发展。其次，实施股权激励计划能够促使业绩预告披露的闭区间宽度变得更小，业绩预告所包含的信息更加精确，形式上的信息质量提高；实施股权激励计划能够促使业绩预告净利润偏离净利润实际值的幅度变得更小，业绩预告所包含的信息更加准确，实质上的信息质量提高；但实施股权激励计划并没能使业绩预告的及时性增强，因此，实施股权激励计划对公司业绩预告信息特征具有激励效应，能够促使公司披露的业绩预告信息质量提高，有利于降低高管与股东之间的信息不对称程度，能够更好满足股东对决策信息的需求，在一定程度上缓解公司信息披露中的代理问题。最后，进一步分析发现，在股权激励计划实施后的最初一年内，对公司自愿业绩预告和业绩预告特征仍有积极的影响作用，但随着时间窗口的延长这种影响作用逐渐减弱。通过进一步分析不同股权激励方式对公司自愿业绩预告和业绩预告特征的影响，没有证据表明股票期权和限制性股票对业绩预告行为的影响存在着显著差异。

7.1.3 公司业绩预告行为的市场反应

这一研究运用事件研究法计算超额收益率 AR 和累计超额收益率 CAR 作为资本市场反应的替代变量，检验了股权激励条件下公司业绩预告行为的市场反应特征，同时对业绩预告未预期盈余与股票价格之间的关系以及自愿业绩预告与强制业绩预告的市场反应差异进行了拓展分析。研究结果表明：第一，业绩预告信息质量与其市场反应之间是正相关关系，随着业绩预告形式上的精确性和实质上的准确性提高，信息质量提高，市场反应将愈加强烈；业绩预告及时性增强，市场反应减弱；随着时间窗的推移，业绩预告行为的市场反应呈倒"U"形分布。第二，高管持股能够促进业绩预告信息质量提高，市场反应增强；高管持股能够促进业绩预告及时性提高，市场反应减弱。实证结论表明，高管持股条件下，业绩预告行为的市场反应具有反向性特征（增强或减弱）。第三，实施股权激励计划能够增强业绩预告形式上的精确性和实质上的准确性的市场反应程度，对业绩预告及时性的市场反应程度的影响并不显著。随着时间窗的推移，实施股权激励计划对业绩预告行为市场反应程度的影响逐渐减弱。第四，进一步研究发现，业绩预告的未预期盈余与股票价格之间是正相关关系，未预期盈余越大，股票价格越高；随着时间窗的推移，相关性增强，至事件窗 [-5，+5] 内达到最强，随后渐趋减弱。第五，进一步研究发现，相对于自愿业绩预告来说，强制业绩预告包含更多的信息含量，市场反应更加强烈。

上述研究结论丰富了公司业绩预告行为的影响因素和经济后果研究，为高管股权激励对公司信息披露行为的影响提供了新的经验证据，为上市公司强化管理、证券监管机构加强监管以及投资者调整优化决策行为等提供有益参考。这对规范上市公司市场行为、完善资本市场运行机制、保障资本市场健康稳定发展等具有重要的现实意义。

7.2　政策建议

高管股权激励体系是一系列契约的组合，不同股权激励形式对公司业绩预告行为的激励效应不同，体现为不同的信息披露动机；股权激励条件下公司业绩预告行为具有显著的信息含量，对资本市场的股票价格具有显著影响，反向性特征（增强或减弱）比较明显。本书通过对股权激励条件下我国上市公司业绩预告行为的前因后果进行的理论和实证研究，根据研究过程及所得结论分别从高管激励机制优化、业绩预告制度优化、资本市场机制优化三个方面提出启示和建议，这对提升公司治理水平、完善信息披露制度、促进资本市场发展具有重要的政策意义。

7.2.1　高管激励机制优化

高管激励机制是公司治理机制的重要组成部分，优化的关键是努力使高管创造价值与其自身利益显著正相关，达到帕累托最优，并形成一种长期的良性循环。在公司发展初期，货币薪酬能够保障高管基本生活需要，应当成为对高管进行短期激励的主要手段，有利于更好地提高激励效果。随着公司内部治理机制的逐步完善，货币薪酬激励的边际效应递减，股权激励的边际效应递增，高管股权激励的主导地位开始显现，强化高管股权配送与转让相关制度建设，优化高管激励机制，从而实现高管激励效应的持续增强。因此，高管激励应经历一个从货币薪酬激励到股权激励的渐进演变过程，最终确立以股权激励为主、货币薪酬激励为辅的上市公司高管激励优化机制。

建立健全科学有效的绩效考核评价体系是完善高管激励机制的最为关键的一个环节。绩效考核评价是对高管劳动成果和价值的判断标准，是建立高管激励机制的基础。如果绩效考核评价体系不合理，就无法对高管做出客观公正的奖励和惩罚。从我国现实情况出发，绩效考核评价指标应以相对财务指标为主，按照平衡记分卡的原理，从财务指标、利益相关者指标、内部流程指标、创新与成长指标等方面构建科学、合理、统一、有效的绩效考核评价指标体系，从而为实施有效的高管激励机制奠定基础。

完善的资本市场是建立高管激励机制，特别是实施股票期权激励的前提条件。如果资本市场不是一个规范、有效的市场，股票价格不能充分反映高管努力程度和公司业绩变化，甚至严重偏离其内在价值，股票期权就不可能对高管产生任何激励效应，建立健全高管激励机制也就无从谈起。当前，我国的资本市场属于弱性有效市场，市场信息传导机制有待进一步完善，因此，我们必须大力培育、发展和规范资本市场，以促进高管激励机制的不断优化升级，其中，大力发展机构投资者是有效促进股权激励机制健康发展的重要途径。

7.2.2　业绩预告制度优化

为了提高业绩预告的信息质量和披露及时性，促进我国业绩预告制度的进一步发展，根据本书的研究结论，考虑我国业绩预告实践的现实状况，本书从业绩预告制度优化的整体视角提出如下建议。

①强化业绩预告行为监管

公司高管在进行业绩预告行为决策时，基于风险承担的考虑，往往会选择精确性程度较低的预告形式，故意扩大业绩预告中利润指标的变动幅度，以达到规避惩罚的目的，因此，应当明确规定：除非有特殊情况，业绩预告中利润指标的变动幅度不能超过的上下限百分比，比如变动区间上下限不得超过50%，鼓励不超过30%，这样，既保留一定的灵活性，又能鼓励公司提高业绩预告信息的精确性。

由于业绩预告是公司的预测盈利信息，业绩预告信息与实际经营状况之间可能存在偏差，而这种偏差（准确性）具有实质上的意义，因此，应当明确对这种偏差"差异过大"的解释，并尽量给出量化的计算公式，从而建立针对业绩预告准确性过小的惩罚机制，如对这些公司的再融资审核、增发股票、发行债券等进行限制；增加监管的频率和深度等。另外，应当在业绩预告中补充说明本期非经常性损益对净利润的影响以及导致公司预期业绩增减变动的具体原因，增强投资者对公司盈利能力可持续性的理解和把握。

实施业绩预告的目的是为了提高公司信息披露透明度和及时性，减少内幕交易，维护中小投资者利益。因此，当季度之间业绩发生剧烈变动时，公司也应当进行适时预告，缩短业绩预告的时间间隔，提高业绩预告及时性。可借鉴并推广深交所主板的做法，统一各板块上市公司业绩预告及修正公告的最晚发布时间点：一季度为当年4月15日前、半年度为当年7月15日前、三季度为当年10月15日前、年度为次年1月31日前。

在定期报告中附带披露业绩预告往往容易被报表使用者所忽略，因此，应当要求上市公司以临时公告的形式单独发布业绩预告，逐步完善上市公司的信息披露制度。

业绩预告修正只是利润指标量上的变化，是为了提高信息披露的决策相关性；业绩预告变脸是利润指标质上的变化，是一种很严重的预告误差。当前，在我国的业绩预告实践中，修正比例过高，变脸现象频发，因此，证券监管机构必须采取有效措施加强监管，控制业绩预告修正行为，杜绝业绩预告变脸行为。

②明确规定业绩预告披露内容

美国注册会计师协会曾就财务预测性信息的最低披露要求做过规定，包括：销售收入、毛利、所得税、企业某些处置及特殊项目、净收益、每股收益。当前，我国证券监管机构并未对上市公司业绩预告披露内容做出具体的强制性规定，但经验研究表明，投资者对与决策密切相关的利润构成非常重视，对扣除非经常性损益的利润信息相当关注，因此，根据我国实际情况，应当明确规定业绩预告的披露内容：营业收入、净利润、扣除非经常性损益的净利润和每股收益，并鼓励披露营业利润、利润总额、所得税等指标，从而更好地满足投资者的决策信息需求。

③实施安全港制度

随着我国资本市场的快速发展，投资者对预测性盈利信息的需求越发强烈。当前，我国的业绩预告披露模式仍是以强制性披露为主，公司缺乏自愿披露信息的内在动力，很难满足投资者日益增长的信息需求，因此，应当借鉴美国的安全港制度对信息披露行为加以保护，鼓励公司积极披露自愿业绩预告。

安全港制度是指公司的预测性信息披露行为只要是基于诚信原则，所依据的基本假设合理，即使与未来实际情况有所差别，管理者也不必承担诉讼责任。安全港制度包括两个基本要件：信息披露人在主观上是善意的；对预测性信息必须有充分的警示性提示。只有符合以上两个条件，才能受到安全港制度的保护。安全港制度为预测性信息披露行为确定了免责保护原则，能够促使公司自愿披露业绩预告，为投资者提供更多的决策相关信息，促进资本市场的健康发展。

同时，我们还需要制定针对预测性信息欺诈行为的责任主体、责任构成、具体形式、赔偿金额等方面的具体规范，促使公司在进行业绩预告时采取更加审慎和负责任的态度，从而抑制公司高管的信息披露操纵行为。

④完善业绩预告违规惩罚机制

为了提高业绩预告信息的决策有用性，促进业绩预告制度的有效实施，建立健全业绩预告违规惩罚机制就成了一个关键点。当前，我国业绩预告制度在违规惩罚方面有针对性的规定较少，相对比较模糊，因此，应当明确各种违规行为（应预告而未预告、逾期预告、预告差异过大、预告变脸等）的处罚标准，确保证券监管机构执法行为的公开、公平与公正；应当明确业绩预告违规行为的相关责任主体，如上市公司、董事长、总经理、财务总监及存在违规的中介机构等。通过制定相应的规章制度提高业绩预告的违规成本，可以在一定程度上抑制高管自利动机，促进高管协同动机，引导公司对外发布精确、准确、及时的业绩预告信息。此外，我们可以借助市场惩罚机制，提高投资者专业素质，通过投资者调整策略选择或者提起法律诉讼等途径对业绩预告违规行为实施惩罚。我们还可以通过制定完善、具体的公司管理者行为准则并加强全方位监管，从根本上抑制高管的机会主义行为，尽可能减少业绩预告违规行为的发生。

7.2.3 资本市场机制优化

建立完善的资本市场机制是一个庞大的系统工程。与本书研究视角和研究内容相关的资本市场机制优化主要有以下几个方面。

①建立健全职业经理人市场

职业经理人市场是指按照市场规则对职业经理人这种稀缺的人力资源进行交易的场所，是市场经济条件下产生的一种新的人力资源优化配置方式。在这个市场中，通过职业经理人和公司之间的博弈，调节人力资源的供需关系，形成公平合理的人力资源价格机制，在相互竞争中不断增强自身实力，从而促进职业经理人自身价值和公司价值的持续提升。职业经理人市场为人力资源的选聘、流动、评价、薪酬、激励约束、培训等提供了一套完整机制，是构成资本市场的重要组成部分。高管是公司信息披露行为和业绩预告行为的最终决策者，其能力大小在很大程度上决定了信息披露质量的高低，因此，应当采取多种措施（完善评价机制、规范公司治理、加强社会保护等）建立健全职业经理人市场，不断完善公司高管的聘任和选拔机制。

②建立健全证券分析师市场

证券分析师通过对资本市场变动趋势进行分析预测，向市场参与者提供证券价值报告和投资建议等信息咨询服务，从而降低资本市场的价格偏离，增强资本市场的有效性，促进资本市场的良性发展。国外研究表明，证券分析师提供的预测信息通常优于公司提供的盈利预测信息，他们之间在信息供给上互相竞争、互相牵制，共同促进上市公司盈利预测行为的规范化和信息披露制度的逐步完善。当前，我国真正的职业化证券分析师市场尚未形成，大多数证券分析师都依附于相应券商，实际上成了券商利益的代言人，因此，提高证券分析师的独立性，保持与相关券商在利益上的相互分离，促进证券分析师队伍的规模化和市场化，对建立健全职业化证券分析师市场、完善我国资本市场建设具有重要意义。构建证券分析师职业信用体系，有利于运用市场声誉机制约束其机会主义行为，是完善证券分析师市场的重要内容。逐步建立完善证券分析师的管理与奖惩制度，引入市场竞争机制促使分析师努力提高专业胜任能力。

③加大市场中介的监督作用

当前，我国上市公司披露的业绩预告并不要求经过会计师事务所和注册会计师的审计，加上业绩预告信息属于预测性"软信息"，这就为公司高管基于自利动机实施信息披露操纵行为留下了很大的自由空间；公司通常在初次预告之后，还要进行反复修正，修正比例过高，变脸现象频发，严重误导了投资者的决策行为。因此，为了抑制信息披露操纵行为，提高业绩预告的信息质量和决策有用性，制定业绩预告相关审计规范、充分发挥市场中介的监督作用就显得十分必要。相关审计规范至少应当包括如下内容：公司对外发布的业绩预告必须经过内部审计机构审计后，由外部会计师事务所和注册会计师对其进行审阅或审核；对于曾经出现重大预告误差、变脸频发等情形的公司，其业绩预告必须由注册会计师出具审计意见后方能对外发布。

7.3 研究展望

7.3.1 本书研究局限

尽管本书努力尝试对股权激励条件下上市公司业绩预告行为的前因后果进行深入的研究分析，但是，由于研究能力、数据资源等各种主客观因素的制约，本书研究尚存在如下局限性：

（1）本书只是从高管股权激励的视角研究了公司业绩预告行为的影响因素和市场反应，然而，影响公司业绩预告行为的因素是比较复杂的，有内部治理因素（高管股权激励只是其中一个比较小的视角）和外部环境因素，特别是对内外因素综合影响下的公司业绩预告行为尚需做更深入的探究。

（2）在实证模型设计时对相关控制变量的选择方面，借鉴现有研究文献，本书主要从财务指标、市场指标、公司特征、高管特征、行业、年度等方面进行控制，尽管比较全面地刻画了我国上市公司的治理现状，仍然可能存在着遗漏变量等问题。在实证检验分析中，我们尽可能选取满足研究需要的替代变量，但是，难免会存在一定偏差，有待更进一步的优化和改善。对于可能存在的内生性问题，本书主要运用两阶段最小二乘法 2SLS、倾向评分配比法（PSM）、Heckman 模型以及工具变量、滞后变量等进行稳健性检验，但变量之间的内生性问题很难彻底根除。

（3）本书选择 2006—2015 年沪、深两市 A 股公司的年度数据作为研究样本，研究范围界定为上市公司，研究结论主要适用于上市公司的实践活动。但上市公司只占很少部分，数量众多的非上市公司在管理制度、治理结构、信息披露机制等方面还有许多有待完善的地方，因此，本书的研究结论可能并不能较好地解释非上市公司的信息披露行为。

7.3.2 未来研究方向

结合本书的整体研究框架和实证研究结论，我们可以从以下几个方面做进一步的拓展研究：

（1）引入关于高管激励、业绩预告行为及其经济后果的新变量。本书研究了高管股权激励（高管持股和实施股权激励计划）对公司业绩预告行为（自愿业绩预告和业绩预告特征）的影响及其市场反应，在本书研究的基础上，可以适当考虑引入"外部薪酬差距""在职消费""职务晋升"等高管激励新变量，引入"倾向性""惯性""修正行为""变脸"等业绩预告行为新变量，引入"分析师预测""媒体报道"等经济后果新变量，构建基于高管激励视角的上市公司业绩预告行为的完整研究框架，深入研究公司业绩预告行为的前因后果，丰富业绩预告影响因素及其经济后果的研究文献。

（2）本书实证结果表明，"高层梯队理论""产权理论""现代竞争理论"和"高管权力理论"在我国上市公司业绩预告实践中具有独特表现，对其宏观制度背景、微观治理机制、未来发展趋势等进行深入研究可能是未来的一个研究方向。

（3）本书在对股权激励条件下上市公司业绩预告行为的市场反应进行实证分析时，未能发现业绩预告行为与股票价格之间正向或负向的单调性关系；股权激励条件下公司业绩预告行为的市场反应具有反向性特征，其背后机理尚待验证，对上述问题进行深入探讨可能是未来的一个研究方向。

（4）本书研究样本只选取了 2006—2015 年的数据，并且仅研究了上市公司年度业绩预告行为的内在规律，因此，在未来的研究中，可以考虑对一季度、半年度以及第三季度的业绩预告数据进行更详细的实证分析，深入比较不同期间公司业绩预告行为的差异，同时，还可以按照业绩预告制度变迁的时间脉络，分时间段探究不同制度背景下的业绩预告行为特征及运行规律。

在我国，公司业绩预告信息披露还是一个较新的研究领域，具有较多的研究视角和比较广阔的研究前景。随着研究的持续深入，将会出现更多关于公司业绩预告行为影响因素及其经济后果的规律性认识，为提高公司治理水平、完善资本市场运行机制提供更多的理论依据和经验证据。

参考文献

中文文献

[1] 步丹璐, 王晓艳. 政府补助、软约束与薪酬差距 [J]. 南开管理评论, 2014 (2): 23-33.

[2] 蔡宁. 信息优势、择时行为与大股东内幕交易 [J]. 金融研究, 2012, 5: 179-192.

[3] 曹敏, 吴冲锋. 货币激励的非连贯性以及次优性 [J]. 上海经济研究, 2002 (12): 34-42.

[4] 陈汉文, 陈向民. 证券价格的事件性反应 [J]. 经济研究, 2002, 1 (4): 40-47.

[5] 陈震, 张鸣. 高管层内部的级差报酬研究 [J]. 中国会计评论, 2006, 4 (1): 15-28.

[6] 程柯, 孙慧. 产权性质、管理层持股与代理效率: 基于随机前沿模型的度量与分析 [J]. 山西财经大学学报, 2012, 10: 97-105.

[7] 程亚琼, 宋蔚. 预亏公告对股价影响的实证研究 [J]. 统计与信息论坛, 2005, 20 (3): 78-81.

[8] 戴晓凤, 杨军, 张清海. 中国股票市场的弱式有效性检验: 基于单位根方法 [J]. 系统工程, 2005, 23 (11): 23-28.

[9] 冯旭南. 中国投资者具有信息获取能力吗? ——来自"业绩预告"效应的证据 [J]. 经济学 (季刊), 2014 (2): 1065-1090.

[10] 高敬忠, 王英允. 强制或自愿: 哪种披露政策下的业绩预告可靠性更高? ——基于中国 A 股上市公司的经验研究 [J]. 财贸研究, 2014, 25 (1): 149-156.

[11] 高敬忠, 周晓苏, 王英允. 机构投资者持股对信息披露的治理作用研究: 以管理层盈余预告为例 [J]. 南开管理评论, 2011 (5): 129-140.

[12] 高敬忠，周晓苏. 管理层持股能减轻自愿性披露中的代理冲突吗？——以我国 A 股上市公司业绩预告数据为例 [J]. 财经研究，2013，39 (11)：123-133.

[13] 郭睿，马骥. 中国股票市场效率的实证检验 [J]. 税务与经济，2004 (3)：15-18.

[14] 韩亮亮，李凯，宋力. 高管持股与企业价值：基于利益趋同效应与壕沟防守效应的经验研究 [J]. 南开管理评论，2006，9 (4)：35-41.

[15] 何德旭，王轶强，王洁. 上市公司信息披露"预警制度"的实证分析：兼论我国证券市场的有效性和过度反应 [J]. 当代经济科学，2002，24 (3)：30-36.

[16] 赫茨伯格. 赫茨伯格的双因素理论 [M]. 张湛，译. 北京：中国人民大学出版社，2009.

[17] 洪剑峭，皮建屏. 预警制度的实证研究：一项来自中国股市的证据 [J]. 证券市场导报，2002 (9)：4-14.

[18] 蒋义宏，童驯，杨霞. 业绩预警公告的信息含量 [J]. 中国会计与财务研究，2003，5 (4)：145-183.

[19] 李常青，滕明慧. 并购公司管理层业绩预告的披露策略研究 [J]. 投资研究，2013，5：94-107.

[20] 李欢，罗婷. 管理层业绩预测的机会主义行为：来自高管股票交易的证据 [J]. 南开管理评论，2016，19 (4)：63-74.

[21] 李晶. 内外部治理机制对公司年度业绩预告行为及其信息特征的影响 [J]. 华东师范大学学报 (哲学社会科学版)，2014，4：127-137.

[22] 李维安，李汉军. 股权结构，高管持股与公司绩效：来自民营上市公司的证据 [J]. 南开管理评论，2006，9 (5)：4-10.

[23] 李垣，张完定. 管理者激励组合的理论探讨 [J]. 管理工程学报，2002，16 (3)：26-30.

[24] 李增泉. 激励机制与企业绩效：一项基于上市公司的实证研究 [J]. 会计研究，2000，1 (1)：24.

[25] 林江辉，陈汉文. 上市公司预告信息披露的事件性反应 [J]. 审计与理财，2003 (2)：11-12.

[26] 林浚清，黄祖辉，孙永祥. 高管团队内薪酬差距，公司绩效和治理结构 [J]. 经济研究，2003，4 (3)：1-40.

[27] 刘春，孙亮. 薪酬差距与企业绩效：来自国企上市公司的经验证据 [J]. 南开管理评论，2010 (2)：30-39.

[28] 刘力钢, 谢名一. 西方经典管理理论 [M]. 沈阳: 辽宁人民出版社, 2013.

[29] 刘婷, 昝玉宇. 我国上市公司业绩预告修正的市场反应 [J]. 现代财经 (天津财经大学学报), 2012, 10: 58-66.

[30] 刘焱, 姚海鑫. 高管权力, 审计委员会专业性与内部控制缺陷 [J]. 南开管理评论, 2014 (2): 4-12.

[31] 路军. 董事的会计师事务所工作背景与企业业绩预告质量: 来自中国资本市场的经验证据 [J]. 山西财经大学学报, 2016 (5): 101-112.

[32] 罗富碧, 冉茂盛, 杜家廷. 高管人员股权激励与投资决策关系的实证研究 [J]. 会计研究, 2008 (8): 69-76.

[33] 罗玫, 宋云玲. 中国股市的业绩预告可信吗? [J]. 金融研究, 2012 (9): 168-180.

[34] 罗玫, 魏哲. 股市对业绩预告修正一视同仁吗? [J]. 金融研究, 2016 (7): 191-206.

[35] 罗炜, 朱春艳. 代理成本与公司自愿性披露 [J]. 经济研究, 2010 (10): 143-155.

[36] 吕长江, 张海平. 股权激励计划对公司投资行为的影响 [J]. 管理世界, 2011, 11: 118-126.

[37] 吕长江, 郑慧莲, 严明珠, 等. 上市公司股权激励制度设计: 是激励还是福利? [J]. 管理世界, 2009 (9): 133-147.

[38] 马连福, 沈小秀, 王元芳. 产品市场竞争、高管持股与管理层盈余预告 [J]. 经济与管理研究, 2013 (5): 18-27.

[39] 马斯洛. 动机与人格 [M]. 3 版. 许金声, 译. 北京: 中国人民大学出版社, 2007.

[40] 马斯洛. 人的潜能和价值: 人本主义心理学译文集 [M]. 林方, 译. 北京: 华夏出版社, 1987.

[41] 梅世强, 位豪强. 高管持股: 利益趋同效应还是壕沟防御效应: 基于创业板上市公司的实证分析 [J]. 科研管理, 2014, 35 (7): 116-123.

[42] 乔旭东. 上市公司会计信息披露与公司治理结构的互动: 一种框架分析 [J]. 会计研究, 2003, 5: 46-49.

[43] 乔旭东. 上市公司年度报告自愿披露行为的实证研究 [J]. 当代经济科学, 2003 (2): 74-78.

[44] 权小锋, 吴世农. CEO 权力强度, 信息披露质量与公司业绩的波动

性：基于深交所上市公司的实证研究 [J]. 南开管理评论, 2010 (4)：142-153.

[45] 邵帅, 周涛, 吕长江. 产权性质与股权激励设计动机 [J]. 会计研究, 2014, 10：43-50.

[46] 斯蒂芬·P. 罗宾斯, 玛丽·库尔特. 管理学 [M]. 7 版. 北京：中国人民大学出版社, 2012.

[47] 宋璐, 陈金贤. 我国上市公司年报业绩预告对股价影响的实证研究 [J]. 商业研究, 2004 (19)：127-131.

[48] 宋云玲, 罗玫. 业绩预告对中国股市有效性的影响：基于应计异象的实证检验 [J]. 清华大学学报：自然科学版, 2010 (12)：1963-1967.

[49] 谭云清, 朱荣林, 韩忠雪. 产品市场竞争, 经理报酬与公司绩效：来自中国上市公司的证据 [J]. 管理评论, 2008, 20 (2)：58-62.

[50] 童驯. 股权转让公告前后的股价反应 [J]. 银行家, 2003, 3：72-73.

[51] 王传彬, 巩建信, 曹前. 政府干预, 股权激励水平与公司业绩 [J]. 经济研究导刊, 2014 (6)：158-159.

[52] 王凤华. 产品市场竞争, 公司治理结构对盈余信息透明度的影响研究 [D]. 西安：西北大学, 2010.

[53] 王华, 黄之骏. 经营者股权激励、董事会组成与企业价值：基于内生性视角的经验分析 [J]. 管理世界, 2006 (9)：101-116.

[54] 王雄元, 刘焱. 产品市场竞争与信息披露质量的实证研究 [J]. 经济科学, 2008 (1)：92-103.

[55] 王玉涛, 王彦超. 业绩预告信息对分析师预测行为有影响吗 [J]. 金融研究, 2012 (6)：193-206.

[56] 魏刚. 高级管理层激励与上市公司经营绩效 [J]. 经济研究, 2000, 3 (12)：32-39.

[57] 吴水澎, 陈汉文, 谢德仁. 中国会计理论研究 [M]. 北京：中国财政经济出版社, 2000.

[58] 吴水澎. 财务会计基本理论研究 [M]. 沈阳：辽宁人民出版社, 1996.

[59] 吴作凤. 管理层权力, 产权性质与股权激励契约设计 [J]. 财经理论与实践, 2014, 35 (6)：53-58.

[60] 武冰, 李倩. 经营者激励组合问题研究 [J]. 沈阳工业大学学报, 2003, 25 (2)：158-160.

[61] 夏纪军, 张晏. 控制权与激励的冲突: 兼对股权激励有效性的实证分析 [J]. 经济研究, 2008, 3: 87-98.

[62] 辛宇, 吕长江. 激励、福利还是奖励: 薪酬管制背景下国有企业股权激励的定位困境: 基于泸州老窖的案例分析 [J]. 会计研究, 2012, 6: 67-75.

[63] 徐高彦, 王跃堂. 资本市场盈余预告披露及时性策略研究 [J]. 南京社会科学, 2014 (10): 22-27.

[64] 许涤龙, 吕忠伟. 深圳证券市场有效性的统计检验 [J]. 数量经济技术经济研究, 2003 (6): 158-160.

[65] 许涤龙, 王珂英. 上海股市有效性与可预测性并存的实证研究 [J]. 经济问题, 2001 (11): 2-4.

[66] 薛爽. 预亏公告的信息含量 [J]. 中国会计与财务研究, 2001 (3): 117-176.

[67] 杨朝军, 单磊, 曹晓华, 等. 上市公司业绩预警制度研究 [R]. 上海交大证券金融研究所课题组.

[68] 杨德明, 林斌. 业绩预告的市场反应研究 [J]. 经济管理, 2006 (16): 26-31.

[69] 杨华荣, 陈军, 陈金贤. 产品市场竞争度对上市公司自愿性信息披露影响研究 [J]. 预测, 2008, 27 (1): 41-45.

[70] 杨清溪, 高惠松. 新上市柜公司的公司治理架构与管理当局盈余预测之关联性研究 [J]. 中国会计评论, 2007, 5 (2): 181-206.

[71] 杨晓嘉, 朱治龙, 周青. 上市公司独立董事激励组合模型研究 [J]. 求索, 2004 (11): 46-48.

[72] 杨兴全, 张丽平, 吴昊旻. 市场化进程, 管理层权力与公司现金持有 [J]. 南开管理评论, 2014 (2): 34-45.

[73] 杨志强, 王华. 公司内部薪酬差距、股权集中度与盈余管理行为: 基于高管团队内和高管与员工之间薪酬的比较分析 [J]. 会计研究, 2014 (6): 57-65.

[74] 伊志宏, 姜付秀, 秦义虎. 产品市场竞争、公司治理与信息披露质量 [J]. 管理世界, 2010 (1): 133-141.

[75] 袁振超, 岳衡, 谈文峰. 代理成本、所有权性质与业绩预告精确度 [J]. 南开管理评论, 2014, 3: 49-61.

[76] 张然, 张鹏. 中国上市公司自愿业绩预告动机研究 [J]. 中国会计评论, 2011, 9 (1): 3-20.

［77］张涛.委托代理理论与国企激励机制研究［J］.山东财政学院学报，2000（4）：20-23.

［78］张馨艺，张海燕，夏冬林.高管持股、择时披露与市场反应［J］.会计研究，2012，6：54-60.

［79］张馨艺.最终控制人、机构投资者与信息披露选择：基于业绩预告的视角［J］.科学决策，2015（4）：35-50.

［80］张翼，林小驰.公司治理结构与管理层盈利预测［J］.中国会计评论，2005，3（2）：241-252.

［81］张勇.经理长期与短期报酬优化组合激励的探讨［J］.管理工程学报，2004，18（3）：125-127.

［82］张正堂.企业内部薪酬差距对组织未来绩效影响的实证研究［J］.会计研究，2008，9：81-87.

［83］张宗新，朱伟骅.上市公司信息披露质量与投资者保护研究［M］.北京：中国金融出版社，2009.

［84］赵环.上市公司业绩预告"变脸"下的中小股东权益保护研究［J］.经济研究导刊，2011（2）：93-95.

［85］赵宇龙.会计盈余披露的信息含量：来自上海股市的经验证据［J］.经济研究，1998（7）：41-49.

［86］周三多.管理学：原理与方法［M］.5版.上海：复旦大学出版社，2014.

［87］周兆生.中国上市公司总经理激励的实证研究［J］.改革，2003（3）：50-57.

［88］朱红军，何贤杰，陶林.信息源、信息搜寻与市场吸收效率：基于证券分析师盈利预测修正的经验证据［J］.财经研究，2008，34（5）：63-74.

［89］宗文龙，王玉涛，魏紫.股权激励能留住高管吗？——基于中国证券市场的经验证据［J］.会计研究，2013（9）：58-63.

英文文献

［1］ABOODY D, KASZNIK R. CEO stock option awards and the timing of corporate voluntary disclosures［J］. Journal of Accounting and Economics, 2000, 29（1）: 73-100.

［2］ADAMS J S. Towards an understanding of inequity［J］. The Journal of Abnormal and Social Psychology, 1963, 67（5）: 422.

［3］ AJINKYA B B, GIFT M J. Corporate managers' earnings forecasts and symmetrical adjustments of market expectations ［J］. Journal of Accounting Research, 1984, 22 (2): 425-444.

［4］ AJINKYA B, BHOJRAJ S, SENGUPTA P. The association between outside directors, institutional investors and the properties of management earnings forecasts ［J］. Journal of Accounting Research, 2005, 43 (3): 343-376.

［5］ GUTERMAN S S, ALDEFER C P. Existence, relatedness, and growth: Human needs in organizational settings.　［J］. Contemporary Sociology, 1974, 3 (6): 511.

［6］ ARMSTRONG C S, JAGOLINZER A D, LARCKER D F. Chief executive officer equity incentives and accounting irregularities ［J］. Journal of Accounting Research, 2010, 48 (2): 225-271.

［7］ ARYE BEBCHUK L, FRIED J M. Executive compensation as an agency problem ［J］. The Journal of Economic Perspectives, 2003, 17 (3): 71-92.

［8］ BAGGS J, DE BETTIGNIES J E. Product market competition and agency costs ［J］. The Journal of Industrial Economics, 2007, 55 (2): 289-323.

［9］ BAGINSKI S P, CONRAD E J, HASSELL J M. The effects of management forecast precision on equity pricing and on the assessment of earnings uncertainty ［J］. Accounting Review, 1993: 913-927.

［10］ BAGINSKI S P, HASSELL J M. The market interpretation of management earnings forecasts as a predictor of subsequent financial analyst forecast revision ［J］. Accounting Review, 1990: 175-190.

［11］ BAKER G P, JENSEN M C, MURPHY K J. Compensation and incentives: Practice VS theory ［J］. The journal of Finance, 1988, 43 (3): 593-616.

［12］ BAKER G P. Incentive contracts and performance measurement ［J］. Journal of Political Economy, 1992, 100 (3): 598-614.

［13］ BALL R, BROWN P. An empirical evaluation of accounting income numbers ［J］. Journal of Accounting Research, 1968: 159-178.

［14］ BAMBER L S, CHEON Y S. Discretionary management earnings forecast disclosures: Antecedents and outcomes associated with forecast venue and forecast specificity choices ［J］. Journal of Accounting Research, 1998, 36 (2): 167-190.

［15］ BARNEA A, HAUGEN R A, SENBET L W. Agency problems and financial contracting ［M］. Upper Saddle River: Prentice Hall, 1985.

［16］ BEAVER W H. The information content of annual earnings announcements ［J］. Journal of Accounting Research, 1968: 67-92.

［17］ BEBCHUK L A, FRIED J M, WALKER D I. Managerial power and rent extraction in the design of executive compensation ［R］. National Bureau of Economic Research, 2002.

［18］ BERTRAND M, SCHOAR A. Managing with style: The effect of managers on firm policies ［J］. The Quarterly Journal of Economics, 2003, 118（4）: 1169-1208.

［19］ BISHOP J. The recognition and reward of employee performance ［J］. Journal of Labor Economics, 1987, 5（4-2）: 36-56.

［20］ BLACK D E, BLACK E L, CHRISTENSEN T E, et al. CEO compensation incentives and non-GAAP earnings disclosures ［J］. Social Science Electronic Publishing, 2013, 65（16）: 2102-2104.

［21］ BONAIME A A. Mandatory disclosure and firm behavior: Evidence from share repurchases ［J］. The Accounting Review, 2015, 90（4）: 1333-1362.

［22］ BOWEN R M, DUCHARME L, SHORES D. Stakeholders' implicit claims and accounting method choice ［J］. Journal of Accounting and Economics, 1995, 20（3）: 255-295.

［23］ BRENNER M. The sensitivity of the efficient market hypothesis to alternative specifications of the market model ［J］. The Journal of Finance, 1979, 34（4）: 915-929.

［24］ BROWN S, HILLEGEIST S A, LO K. Management forecasts and litigation risk［EB/OL］.（2005-04-28）［2022-04-28］.https://ssrn.com/abstract=709161.

［25］ BURGSTAHLER D, DICHEV I. Earnings management to avoid earnings decreases and losses ［J］. Journal of Accounting and Economics, 1997, 24（1）: 99-126.

［26］ CAO Z, NARAYANAMOORTHY G S. The effect of litigation risk on management earnings forecasts ［J］. Contemporary Accounting Research, 2011, 28（1）: 125-173.

［27］ CHEN C J P, JAGGI B. Association between independent non-executive directors, family control and financial disclosures in Hong Kong ［J］. Journal of Accounting and Public Policy, 2001, 19（4）: 285-310.

［28］ CHENG Q, LO K. Insider trading and voluntary disclosures ［J］. Journal of accounting research, 2006, 44（5）: 815-848.

[29] CHOW C W, WONG-BOREN A. Voluntary financial disclosure by Mexican corporations [J]. Accounting Review, 1987, 62 (3): 533-541.

[30] CLAESSENS S, DJANKOV S, LANG L H P. The separation of ownership and control in East Asian corporations [J]. Journal of Financial Economics, 2000, 58 (1): 81-112.

[31] COLLER M, YOHN T L. Management forecasts and information asymmetry: An examination of bid-ask spreads [J]. Journal of accounting research, 1997, 35 (2): 181-191.

[32] COX J C, INGERSOLL JR J E, ROSS S A. Duration and the measurement of basis risk [J]. Journal of Business, 1979: 51-61.

[33] DECI E L. Intrinsic motivation, extrinsic reinforcement, and inequity [J]. Journal of Personality and Social Psychology, 1972, 22 (1): 113.

[34] DONALDSON L. A rational basis for criticisms of organizational economics: A reply to Barney [J]. Academy of Management Review, 1990, 15 (3): 394-401.

[35] EASTERBROOK F H, FISCHEL D R. Mandatory disclosure and the protection of investors [J]. Virginia Law Review, 1984: 669-715.

[36] ELENKOV D S, JUDGE W, WRIGHT P. Strategic leadership and executive innovation influence: An international multi-cluster comparative study [J]. Strategic Management Journal, 2005, 26 (7): 665-682.

[37] El-GAZZAR S M. Predisclosure information and institutional ownership: A cross-sectional examination of market revaluations during earnings announcement periods [J]. Accounting Review, 1998: 119-129.

[38] ERIKSSON T. Executive compensation and tournament theory: Empirical tests on Danish data [J]. Journal of Labor Economics, 1999, 17 (2): 262-280.

[39] FAMA E F, JENSEN M C. Separation of ownership and control [J]. The Journal of Law and Economics, 1983, 26 (2): 301-325.

[40] FAMA E F. The behavior of stock-market prices [J]. The journal of Business, 1965, 38 (1): 34-105.

[41] FIELD L, LOWRY M, SHU S. Does disclosure deter or trigger litigation? [J]. Journal of Accounting and Economics, 2005, 39 (3): 487-507.

[42] FINKELSTEIN S. Power in top management teams: Dimensions, measurement, and validation [J]. Academy of Management Journal, 1992, 35 (3): 505-

538.

[43] FRASER S, GREENE F J. The effects of experience on entrepreneurial optimism and uncertainty [J]. Economica, 2006, 73 (290): 169-192.

[44] FRITZ H. The psychology of interpersonal relations [J]. The Journal of Marketing, 1958, 56: 322.

[45] FROST C A. Disclosure policy choices of UK firms receiving modified audit reports [J]. Journal of Accounting and Economics, 1997, 23 (2): 163-187.

[46] FULLER J, JENSEN M C. Just say no to Wall Street: Putting a stop to the earnings game [J]. Journal of Applied Corporate Finance, 2002, 14 (4): 41-46.

[47] GILLAN S. Option-based compensation: Panacea or Pandora's box? [J]. Journal of Applied Corporate Finance, 2001, 14 (2): 115-128.

[48] GROSSMAN S J, HART O D. Corporate financial structure and managerial incentives [M]. Chicago: University of Chicago Press, 1982: 107-140.

[49] HALL B J, LIEBMAN J B. Are CEOs really paid like bureaucrats? [J]. The Quarterly Journal of Economics, 1998, 113 (3): 653-691.

[50] HALL B J, MURPHY K J. Optimal exercise prices for executive stock options [R]. National Bureau of Economic Research, 2000.

[51] HAMBRICK D C, CHO T S, CHEN M J. The influence of top management team heterogeneity on firms' competitive moves [J]. Administrative Science Quarterly, 1996: 659-684.

[52] HAMBRICK D C, MASON P A. Upper echelons: The organization as a reflection of its top managers [J]. Academy of Management Review, 1984, 9 (2): 193-206.

[53] HAUSHALTER D, KLASA S, MAXWELL W F. The influence of product market dynamics on a firm's cash holdings and hedging behavior [J]. Journal of Financial Economics, 2007, 84 (3): 797-825.

[54] HEALY P M, PALEPU K G. Information asymmetry, corporate disclosure, and the capital markets: A review of the empirical disclosure literature [J]. Journal of Accounting and Economics, 2001, 31 (1): 405-440.

[55] HOLMSTROM B. Moral hazard in teams [J]. The Bell Journal of Economics, 1982: 324-340.

[56] HOSSAIN M, AHMED K, GODFREY J M. Investment opportunity set and voluntary disclosure of prospective information: A simultaneous equations ap-

proach [J]. Journal of Business Finance & Accounting, 2005, 32 (5-6): 871-907.

[57] JAGGI B. A note on the information content of corporate annual earnings forecasts [J]. Accounting Review, 1978: 961-967.

[58] JENSEN M C, MECKLING W H. Theory of the firm: Managerial behavior, agency costs and ownership structure [J]. Journal of Financial Economics, 1976, 3 (4): 305-360.

[59] JENSEN M C, MURPHY K J. Performance pay and top-management incentives [J]. Journal of political economy, 1990, 98 (2): 225-264.

[60] JENSEN M C. Agency costs of free cash flow, corporate finance, and takeovers [J]. The American economic review, 1986, 76 (2): 323-329.

[61] JENSEN M C. Agency costs of overvalued equity [J]. Financial Management, 2005, 34 (1): 5-19.

[62] KANG S H, KUMAR P, LEE H. Agency and corporate investment: The role of executive compensation and corporate governance [J]. The Journal of Business, 2006, 79 (3): 1127-1147.

[63] KARAMANOU I, VAFEAS N. The association between corporate boards, audit committees, and management earnings forecasts: An empirical analysis [J]. Journal of Accounting Research, 2005, 43 (3): 453-486.

[64] KASZNIK R, LEV B. To warn or not to warn: Management disclosures in the face of an earnings surprise [J]. Accounting Review, 1995: 113-134.

[65] KOCH A S. Financial distress and the credibility of management earnings forecasts[EB/OL]. (2002-10-28) [2020-10-28]. https://ssrn. com/abstract = 415580.

[66] KOTHARI S P, SHU S, WYSOCKI P D. Do managers withhold bad news? [J]. Journal of Accounting Research, 2009, 47 (1): 241-276.

[67] LAZEAR E P, ROSEN S. Rank-order tournaments as optimum labor contracts [J]. Journal of political Economy, 1981, 89 (5): 841-864.

[68] LAZEAR E P. Output-based pay: Incentives, retention or sorting? [M] //Accounting for worker well-being. Emerald Group Publishing Limited, 2004: 1-25.

[69] LEV B, PENMAN S H. Voluntary forecast disclosure, nondisclosure, and stock prices [J]. Journal of Accounting Research, 1990: 49-76.

［70］ LIPPERT R L. Agency conflicts, managerial compensation, and firm variance ［J］. Journal of Financial and Strategic Decisions, 1996, 9 （3）.

［71］ MAIN B G M, O'REILLY III C A, WADE J. Top executive pay: Tournament or teamwork? ［J］. Journal of Labor Economics, 1993, 11 （4）: 606-628.

［72］ MALCOMSON J M. Capital Utilization and Empirical Analysis ［J］. Recherches Économiques de Louvain/Louvain Economic Review, 1984, 50 （3-4）: 353-362.

［73］ MALONE D, FRIES C, JONES T. An empirical investigation of the extent of corporate financial disclosure in the oil and gas industry ［J］. Journal of Accounting, Auditing & Finance, 1993, 8 （3）: 249-273.

［74］ MARQUARDT C, WIEDMAN C I. Voluntary disclosure, information asymmetry, and insider selling through secondary equity offerings ［J］. Contemporary Accounting Research, 1998, 15 （4）: 505-537.

［75］ MASLOW A H, MURPHY G. Motivation and Personality. （Under the editorship of Gardner Murphy.） ［M］. Harper & Bros., 1954.

［76］ MCCLELLAND D C. Values in popular literature for children ［J］. Childhood Education, 1964, 40 （3）: 135-142.

［77］ MCKINNON J L, DALIMUNTHE L. Voluntary disclosure of segment information by Australian diversified companies ［J］. Accounting & Finance, 1993, 33 （1）: 33-50.

［78］ MEEK G K, ROBERTS C B, GRAY S J. Factors influencing voluntary annual report disclosures by US, UK and continental European multinational corporations ［J］. Journal of International Business Studies, 1995, 26 （3）: 555-572.

［79］ MEHRAN H. Executive compensation structure, ownership, and firm performance ［J］. Journal of Financial Economics, 1995, 38 （2）: 163-184.

［80］ MILGROM P R, ROBERTS J D. Economics, organization and management ［M］. Upper Saddle River: 1992.

［81］ MILKOVICH G T, NEWMAN J M, MILKOVICH C. Compensation （5th） ［M］. New York: McGraw-Hill, 1996.

［82］ MILLER D. Stale in the saddle: CEO tenure and the match between organization and environment ［J］. Management Science, 1991, 37 （1）: 34-52.

［83］ MILLER G, PIOTROSKI J. The role of disclosure for high book-to-market firms ［EB/OL］. （2000） Unpublished working paper, Harvard University.

[84] MITCHELL J D, CHIA C W L, LOH A S. Voluntary disclosure of segment information: Further Australian evidence [J]. Accounting & finance, 1995, 35 (2): 1-16.

[85] MORCK R, SHLEIFER A, VISHNY R W. Management ownership and market valuation: An empirical analysis [J]. Journal of Financial Economics, 1988, 20: 293-315.

[86] MURPHY K J, ASHENFELTER O, CARD D. Handbook of labor economics [J]. 1999: 1463-1555.

[87] MURPHY K J. Corporate performance and managerial remuneration: An empirical analysis [J]. Journal of Accounting and Economics, 1985, 7 (1-3): 11-42.

[88] NAGAR V, NANDA D, WYSOCKI P. Discretionary disclosure and stock-based incentives[J]. Journal of Accounting and Economics, 2003, 34 (1): 283-309.

[89] NG J, TUNA I, VERDI R. Management forecast credibility and underreaction to news [J]. Review of Accounting Studies, 2013, 18 (4): 956-986.

[90] PENMAN S H. An empirical investigation of the voluntary disclosure of corporate earnings forecasts [J]. Journal of Accounting Research, 1980: 132-160.

[91] PORTER L W, STEERS R M. Organizational, work, and personal factors in employee turnover and absenteeism [J]. Psychological Bulletin, 1973, 80 (2): 151.

[92] POWNALL G, WASLEY C, WAYMIRE G. The stock price effects of alternative types of management earnings forecasts [J]. Accounting Review, 1993: 896-912.

[93] PRENDERGAST C, STOLE L. Impetuous youngsters and jaded old-timers: Acquiring a reputation for learning [J]. Journal of Political Economy, 1996, 104 (6): 1105-1134.

[94] ROGERS J L, STOCKEN P C. Credibility of management forecasts [J]. The Accounting Review, 2005, 80 (4): 1233-1260.

[95] ROSENBAUM P R, RUBIN D B. The central role of the propensity score in observational studies for causal effects [J]. Biometrika, 1983: 41-55.

[96] RULAND W, TUNG S, GEORGE N E. Factors associated with the disclosure of managers' forecasts [J]. Accounting Review, 1990: 710-721.

[97] SCHADEWITZ H J, BLEVINS D R. Major determinants of interim disclosures in an emerging market [J]. American Business Review, 1998, 16 (1): 41.

[98] SCHEETZ A, WALL J. Mind the GAAP: CFO stock awards and non-

GAAP press releases. [EB/OL]. (2014) Unpublished working paper, Case Western Reserve University.

[99] SHLEIFER A, VISHNY R W. Large shareholders and corporate control [J]. Journal of Political Economy, 1986, 94 (3): 461-488.

[100] SKINNER B F. Contingencies of reinforcement in the design of a culture [J]. Behavioral Science, 1966, 11 (3): 159.

[101] SKINNER B F. The behavior of organisms. new york: Appleton-Century -Crofts [J]. American Psychologist, 1938, 221: 233.

[102] SKINNER B F. The Technology of teaching New York: Appleton-Century-Crofts [J]. The Behavior of the Establishment, 1968.

[103] SKINNER B F. Why we need teaching machines [J]. Harvard Educational review, 1961.

[104] SKINNER D J. Why firms voluntarily disclose bad news [J]. Journal of Accounting Research, 1994, 32 (1): 38-60.

[105] SOFFER L C, THIAGARAJAN S R, WALTHER B R. Earnings preannouncement strategies [J]. Review of Accounting Studies, 2000, 5 (1): 5-26.

[106] STIGLITZ J E. Incentives, risk, and information: Notes towards a theory of hierarchy [J]. The Bell Journal of Economics, 1975: 552-579.

[107] STULZ R M. Managerial control of voting rights: Financing policies and the market for corporate control [J]. Journal of financial Economics, 1988, 20: 25-54.

[108] TRUEMAN B. Why do managers voluntarily release earnings forecasts? [J]. Journal of Accounting and Economics, 1986, 8 (1): 53-71.

[109] VROOM V H. Work and motivation [J]. Industrial organization theory & practice, 1964.

[110] WALSH J P, SEWARD J K. On the efficiency of internal and external corporate control mechanisms [J]. Academy of management review, 1990, 15 (3): 421-458.

[111] WARFIELD T D, WILD J J, WILD K L. Managerial ownership, accounting choices, and informativeness of earnings [J]. Journal of Accounting and Economics, 1995, 20 (1): 61-91.

[112] WAYMIRE G. Earnings volatility and voluntary management forecast disclosure [J]. Journal of Accounting Research, 1985: 268-295.

［113］ WEE M, TARCA A, CHANG M. Disclosure incentives, mandatory standards and firm communication in the IFRS adoption setting ［J］. Australian Journal of Management, 2014, 39 （2）: 265-291.

［114］ YERMACK D. Do corporations award CEO stock options effectively? ［J］. Journal of Financial Economics, 1995, 39 （2）: 237-269.